CB044816

EDITORA intersaberes

O selo DIALÓGICA da Editora InterSaberes faz referência às publicações que privilegiam uma linguagem na qual o autor dialoga com o leitor por meio de recursos textuais e visuais, o que torna o conteúdo muito mais dinâmico. São livros que criam um ambiente de interação com o leitor – seu universo cultural, social e de elaboração de conhecimentos –, possibilitando um real processo de interlocução para que a comunicação se efetive.

» Clovis Pires Russo

ARMAZENAGEM, CONTROLE E DISTRIBUIÇÃO

Editora InterSaberes

Rua Clara Vendramin, 58. Mossunguê
Curitiba. Paraná. Brasil. CEP 81200-170
Fone: (41) 2106-4170
www.intersaberes.com
editora@editoraintersaberes.com.br

Conselho editorial » Dr. Ivo José Both (presidente)
» Drª. Elena Godoy
» Dr. Nelson Luís Dias
» Dr. Neri dos Santos
» Dr. Ulf Gregor Baranow

Editora-chefe » Lindsay Azambuja
Supervisora editorial » Ariadne Nunes Wenger
Analista editorial » Ariel Martins
Preparação de originais » Emely Borba Matos
Capa » Denis Kaio Tanaami
Projeto gráfico » Raphael Bernadelli
Ilustrações » Abel Chang/Renan Tatsuo Moriya
Iconografia » Sandra Sebastião

1ª edição, 2013.
Foi feito o depósito legal.
Informamos que é de inteira responsabilidade do autor a emissão de conceitos.
Nenhuma parte desta publicação poderá ser reproduzida, por qualquer meio ou forma, sem a prévia autorização da Editora InterSaberes.
A violação dos direitos autorais é crime estabelecido na Lei nº 9.610/1998 e punido pelo art. 184 do Código Penal.

Dados Internacionais de Catalogação na Publicação (CIP)
(Câmara Brasileira do Livro, SP, Brasil)

Russo, Clovis Pires
Armazenagem, controle e distribuição/Clovis Pires Russo. – Curitiba: InterSaberes, 2013. – (Série Logística Organizacional).

Bibliografia
ISBN 978-85-65704-96-0

1. Armazenagem 2. Distribuição de mercadorias 3. Estoques – Administração 4. Logística (Organização) 5. Logística empresarial I. Título. II. Série.

12-07560   CDD 658.78

Índice para catálogo sistemático:
1. Logística empresarial: Administração de empresas 658.78

Sumário

Apresentação, 8

Como aproveitar ao máximo este livro, 10

Introdução, 12

Armazenagem, 17

- » Fundamentos básicos, 20
- » Objetivos de um bom armazenamento, 21
- » Maximização do uso do espaço, 22
- » Vantagens da armazenagem, 23
- » Desvantagens de armazenagem, 25
- » Tipos de armazéns e estoques, 26
- » *Layout* e dimensionamento de espaços, 28
- » Otimizando o *layout*, 40
- » O armazém perfeito, 42
- » Equipamentos de armazenagem e movimentação de materiais, 43
- » Considerações finais sobre armazenagem e movimentação, 62

Controle, 73

- » Fundamentos básicos, 76
- » Controles de almoxarifado, 78
- » Operações de recebimento, 80
- » Endereçamento e localização de materiais, 85
- » Codificação de materiais, 86
- » Indicadores de desempenho em armazenagem, 92
- » Gestão de estoques, 100
- » Previsão da demanda, 105
- » Avaliação dos níveis de estoque, 118
- » Valorização dos estoques, 138
- » Custo de armazenagem, 149
- » Lotes de compra, 154
- » MRP e MRP II, 162
- » Esquemas simplificados do MRP e do MRP II, 168

Distribuição, 193

- » Fundamentos básicos, 196
- » Gestão da distribuição física, 196
- » Localização das operações, 200
- » Distribuição física e transporte, 207
- » Contribuições da tecnologia, 221

Para concluir..., 232

Glossário, 234

Referências, 238

Bibliografia comentada, 242

Respostas, 244

Sobre o autor, 245

Meus agradecimentos àqueles que incentivaram a realização desta modesta obra e às fontes utilizadas no decorrer de sua elaboração, que forneceram material para gráficos, figuras e exercícios.

Apresentação

Este livro focaliza parte de um campo do conhecimento cuja aplicação crescente não deixa dúvidas sobre sua importância no cotidiano das modernas organizações. Referimo-nos à logística, da qual nos ocupamos aqui apenas em parte, tratando especificamente da armazenagem, do controle e da distribuição dos materiais.

Nossa pretensão é modesta: visamos oferecer ao leitor uma introdução a essa importante área de atuação, mas sem, em momento nenhum, desejar esgotar o assunto. Buscamos, outrossim, apresentar uma visão integradora dessas atividades que, cada vez mais, mostram-se decisivas para a competitividade das empresas.

Limitamos, por um lado, as demonstrações matemáticas e o desenvolvimento de equações ao mínimo indispensável para não comprometer a compreensão do conteúdo proposto. Por outro, com a inclusão de exercícios resolvidos, reforçamos os conceitos teóricos, e, com as questões para revisão, oferecemos a você, leitor, a oportunidade de refletir sobre o próprio aprendizado, relendo o texto e nele buscando identificar os conceitos explorados.

A estrutura do livro, numa abordagem macro, é composta de três capítulos abrangentes. No Capítulo 1, focalizamos a armazenagem, ressaltando sua posição na cadeia de suprimentos. Abordamos os sistemas de controle no capítulo seguinte, demonstrando sua importância para a competente gestão de materiais. No Capítulo 3, dedicamo-nos à distribuição, atividade fundamental na cadeia logística para garantir a chegada dos produtos ao consumidor final. Em seguida, apresentamos nossas considerações finais na seção "Para concluir...", além de complementos como o glossário e as referências comentadas, os quais elucidam os conteúdos tratados e auxiliam na fixação dos conceitos.

A intenção é levar o leitor, gradualmente, ao aprofundamento dos assuntos desenvolvidos, posicionando cada um dos temas no contexto da moderna gestão da cadeia de suprimentos, cujo conceito ultrapassa fronteiras geográficas. Nessa linha de pensamento, enfatizamos a importância da evolução tecnológica no campo da informática e da tecnologia da informação, cuja aplicação ao mundo da logística alavancou incomparavelmente o desempenho dessa área.

Como aproveitar ao máximo este livro

Este livro traz alguns recursos que visam enriquecer o seu aprendizado, facilitar a compreensão dos conteúdos e tornar a leitura mais dinâmica. São ferramentas projetadas de acordo com a natureza dos temas que vamos examinar. Veja a seguir como esses recursos se encontram distribuídos no projeto gráfico da obra.

Conteúdos do capítulo

Logo na abertura do capítulo, você fica conhecendo os conteúdos que nele serão abordados.

Conteúdos do capítulo:
» Por que realizar armazenagem de produtos e quais os benefícios de um bom armazenamento.
» As desvantagens da armazenagem.
» As preocupações relativas à estocagem de materiais.
» Tipos de almoxarifados e corredores e seus *layouts*.
» Otimização do *layout*.
» Informações sobre equipamentos utilizados na armazenagem e na movimentação de produtos.

Conteúdos do capítulo:
» Por que realizar armazenagem de produtos e quais os benefícios de um bom armazenamento.
» As desvantagens da armazenagem.
» As preocupações relativas à estocagem de materiais.
» Tipos de almoxarifados e corredores e seus *layouts*.
» Otimização do *layout*.
» Informações sobre equipamentos utilizados na armazenagem e na movimentação de produtos.

Após o estudo deste capítulo, você será capaz de:

Você também é informado a respeito das competências que irá desenvolver e dos conhecimentos que irá adquirir com o estudo do capítulo.

Estudo de caso

Esta seção traz ao seu conhecimento situações que vão aproximar os conteúdos estudados de sua prática profissional.

» Estudo de caso

»» Laticínios M. Leka

A empresa Laticínios M. Leka, fundada em abril de 1970, pertence ao Grupo Boi Bom e iniciou suas atividades como uma distribuidora local dos derivados do leite produzido na fazenda do grupo. Originalmente localizada nas dependências dessa fazenda, a empresa apresentou um crescimento discreto, porém constante, demonstrando desde o início o acerto na decisão de investir no negócio. A partir do início da década de 1980, mudou-se para o centro comercial da região, ocupando as instalações de um antigo frigorífico que havia sido transferido da cidade. Com instalações mais amplas e maior capacidade de armazenagem, passou a oferecer maior variedade de itens, assumindo também a distribuição de produtos de outras empresas.

Síntese

Apresentamos, neste capítulo, alguns dos principais benefícios de se realizar o armazenamento de materiais. Sabemos que são raras as empresas que não trabalham com a política de estoque, visto que a matéria-prima, para muitos produtos, sofre alta de preços constantemente, havendo necessidade de armazenar os produtos necessários. Em contrapartida, apresentamos como desvantagens tópicos como o investimento em edificações (maximizando o espaço de armazenagem, há a possibilidade de serem criados maiores estoques), que representam um custo considerável para as organizações, e a aceleração tecnológica, que faz com que produtos estocados por muito tempo tornem-se ultrapassados, velhos e obsoletos.

Síntese
Você dispõe, ao final do capítulo, de uma síntese que traz os principais conceitos nele abordados.

Questões para revisão
Com estas atividades, você tem a possibilidade de rever os principais conceitos analisados. Ao final do livro, o autor disponibiliza as respostas às questões, a fim de que você possa verificar como está sua aprendizagem.

Questões para revisão

1) Assinale com (V) para verdadeiro ou (F) para falso as seguintes proposições:
   - ( ) Canais de distribuição são os meios utilizados para que os produtos cheguem até o consumidor final.
   - ( ) Com a crescente popularização da internet, a escolha adequada de um canal de distribuição tornou-se uma tarefa menos importante.
   - ( ) Um canal de distribuição poderá ter diversos níveis intermediários até que o produto chegue ao consumidor final.
   - ( ) A introdução de Centros de Distribuição (CD) entre fornecedor e cliente, na maioria dos casos, provoca aumento do número de rotas percorridas e congestionamento nas comunicações.

Para saber mais

PALETTA, M. A.; SILVA, A. G. da. **Otimizando o layout do armazém através da movimentação eficiente de materiais.** Disponível em: <http://www.logisticadescomplicada.com/wp-content/uploads/2010/07/Otimizando-o-Layout-do-Armazem.pdf>. Acesso em: 3 jul. 2012.

Para ampliar seus conhecimentos sobre a otimização de layouts de armazéns, sugerimos a leitura do artigo acima citado, escrito pelos professores Marco Antonio Paletta e Alexanders Gonçalves da Silva, docentes da Faculdade de Tecnologia Professor Luiz Rosa, de São Paulo.

Para saber mais
Você pode consultar as obras indicadas nesta seção para aprofundar sua aprendizagem.

Questões para reflexão
Nesta seção, a proposta é levá-lo a refletir criticamente sobre alguns assuntos e trocar ideias e experiências com seus pares.

Questão para reflexão

Você já pensou na importância que o *layout* tem para a atração de novos clientes? Em sua opinião, uma empresa que possui um *layout* planejado, seja em seus almoxarifados, seja em outros setores, é bem-vista pela clientela? Você concorda que, para as empresas se diferenciarem no mercado atual, elas precisam projetar novos *layouts* fabris, buscando agradar aos clientes internos e externos, proporcionando-lhes bem-estar ao se encontrarem dentro da empresa?

Introdução

Considerando-se o conjunto de atividades da logística, a armazenagem, acompanhada do manuseio de materiais, tem um papel essencial nesse processo. No universo dos custos logísticos de uma organização, ela pode representar algo entre 10% e 40% do total. Ao analisar esses números, podemos perceber o enorme potencial de redução dos gastos com estoques.

Notemos que a armazenagem não é uma atividade isolada. Ela deve ser compreendida no seu contexto, como uma etapa seguinte ao processo de embalagem e de manuseio. Sabemos que armazenar "não agrega valor ao produto", salvo nos casos em que a qualidade do material melhora com o tempo, como os vinhos e os uísques. Assim, é fundamental maximizar o espaço disponível de um prédio nas suas três dimensões (comprimento, largura e altura), de modo a diluir os custos de estocagem.

Sem dúvida, uma das mais relevantes atividades da administração de materiais diz respeito ao controle dos níveis de estoque. Como este afeta o resultado das empresas, todas elas, particularmente as de transformação, devem se preocupar com seu controle. Estoques representam investimento, e uma das formas de medir o desempenho das organizações é verificar o retorno sobre investimentos, conhecido pela sigla ROI (do inglês *Return Over Investment*). Se o estoque ainda não foi transformado em venda, significa dinheiro parado e, portanto, ainda não deu o retorno esperado.

É muito difícil que uma instituição trabalhe sem estoques de produtos acabados, exceto aquelas direcionadas à produção por projetos, por *jobbing* (tarefa) ou por lote. Entretanto, é improvável que ela sobreviva se não controlá-los adequadamente. Os estoques são acúmulos de recursos materiais em um sistema de transformação. Absorvem as variações de demanda para mais e funcionam como amortecedores entre as muitas fases dos processos produtivos. O controle deles assume vital importância ao determinar parâmetros econômicos para os níveis de materiais e produtos acabados que a empresa deve manter.

Por sua vez, a distribuição, na cadeia logística, encarrega-se do transporte de materiais e produtos até seus respectivos pontos de venda ou consumidores finais. O grande desafio das organizações, em especial as brasileiras, é a redução do intervalo de tempo entre a compra e a entrega de bens e serviços. Vencer tal desafio exige um contínuo reposicionamento da estratégia empresarial.

O surgimento de grandes mercados unificados, como a Comunidade Europeia (CE), o Tratado Norte-Americano de Livre Comércio (Nafta – do inglês *North American Free Trade Agreement*) e o Mercado Comum do Sul (Mercosul), traz situações novas para as quais se exigem soluções logísticas que propiciem o manuseio de maior variedade de produtos, num raio de alcance maior, em tempo reduzido e a custos aceitáveis.

O acesso do mercado interno à importação de produtos de qualidade representa papel substantivo no desenho desse novo cenário. As mudanças drásticas experimentadas pela cadeia de abastecimento nos últimos anos impõem novas configurações aos limites da competitividade empresarial.

Nesse contexto altamente competitivo, a qualidade do serviço de distribuição surge como um objetivo estratégico, um fator que facilita o fechamento de pedidos e conquista o cliente. As comunicações por internet contribuem decisivamente na gestão da distribuição física dos produtos, na medida em que disponibilizam prontamente as informações ao longo da cadeia de suprimentos. Outro impacto positivo desse tipo de tecnologia da informação é a possibilidade de determinada empresa realizar transações diretas com seus fornecedores e consumidores imediatos (B2C – *Business to Consumer*).

Apresentadas essas considerações iniciais, desenvolveremos o presente texto situando as operações de armazenagem, controle e distribuição como parte integrante de uma eficaz administração da produção e como elo significativo da cadeia logística de suprimentos.

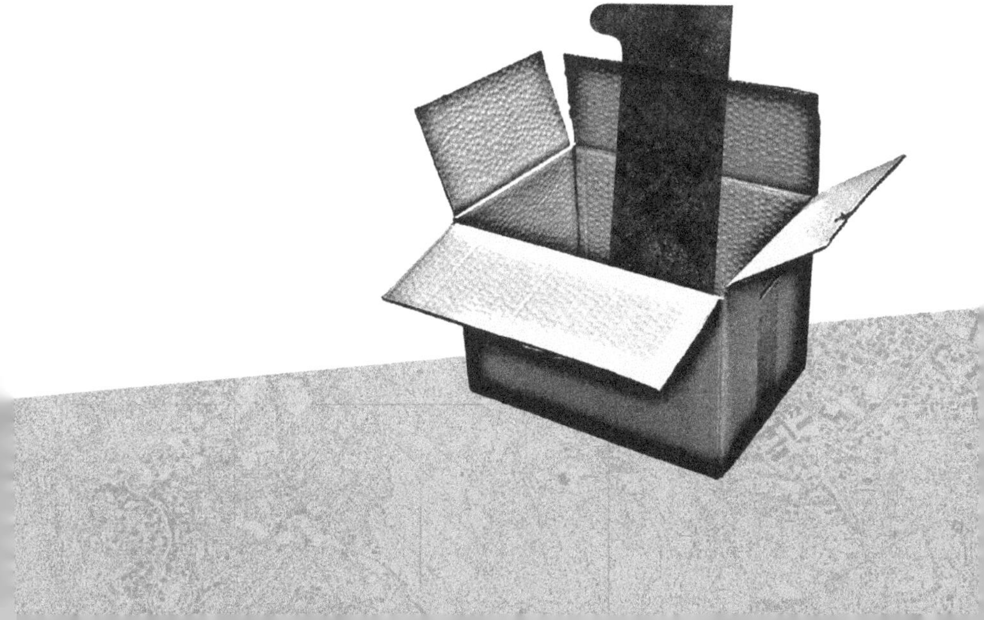

ARMA-ZENA-GEM

Conteúdos do capítulo:

» Por que realizar armazenagem de produtos e quais os benefícios de um bom armazenamento.
» As desvantagens da armazenagem.
» As preocupações relativas à estocagem de materiais.
» Tipos de almoxarifados e corredores e seus *layouts*.
» Otimização do *layout*.
» Informações sobre equipamentos utilizados na armazenagem e na movimentação de produtos.

Após o estudo deste capítulo, você será capaz de:

» compreender os reais motivos de realizar a armazenagem de produtos e reconhecer suas desvantagens;
» realizar o desenvolvimento de *layouts* adequados para os corredores de um armazém e para o setor de almoxarifado;
» propor a otimização de *layouts* já existentes;
» identificar os equipamentos mais adequados para a movimentação de materiais dentro de um armazém.

» Fundamentos básicos

Conceitualmente, o armazém existe para proporcionar um "estoque-pulmão" no local onde for necessário. Mas, se estocar não agrega valor ao produto, por que estocamos? Porque, embora seja notório o progresso nas técnicas de redução de inventários, a armazenagem ainda se mostra necessária nos casos em que, para atender às suas demandas logísticas, as empresas precisam de estoques em médio ou longo prazos. Assim, esse processo ocorre, entre outras razões, para melhorar o atendimento aos consumidores, reduzir custos de frete e otimizar custos de produção.

A Figura 1.1 sugere que a cadeia de suprimentos é formada com base em relacionamentos construídos entre pares.

» Figura 1.1 – Cadeia de suprimentos

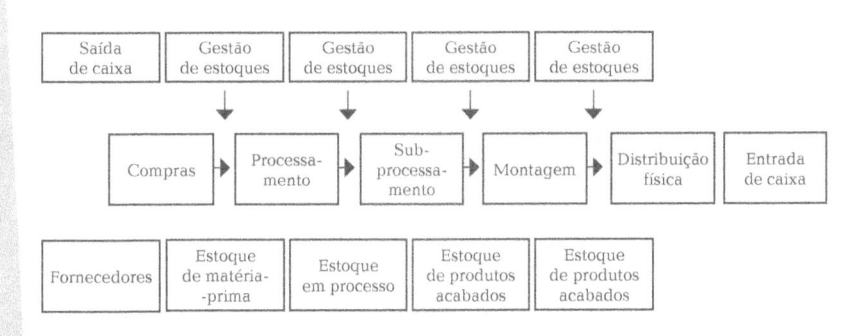

Saída de caixa	Gestão de estoques	Gestão de estoques	Gestão de estoques	Gestão de estoques
	↓	↓	↓	↓

	Compras	→	Processamento	→	Sub-processamento	→	Montagem	→	Distribuição física	Entrada de caixa

Fornecedores	Estoque de matéria-prima	Estoque em processo	Estoque de produtos acabados	Estoque de produtos acabados

Fonte: Adaptado de Slack; Chambers; Johnston, 2002, p. 428.

Claramente, os estoques funcionam como efeito regulador desses processos.

» Objetivos de um bom armazenamento

Geralmente, a necessidade de armazenagem surge em função da falta de informações qualificadas a respeito das demandas futuras. Assim, quanto menor o nosso controle sobre a variação dessas demandas, maior será a nossa necessidade de armazenagem[1].

Por mais paradoxal que possa parecer, o melhor armazenamento é nenhum armazenamento. Entretanto, na maioria dos casos, não somos capazes de eliminar as necessidades de estocagem. Consideramos, então, que o mais adequado é estocar menos. Estocar com menor frequência, em menores volumes, mais objetivamente e de forma menos centralizada reduz custos e aumenta a eficiência do processo. Moura (1979) afirma que os mais importantes objetivos de um bom armazenamento são, entre outros:

» controlar a quantidade estocada;
» conservar a qualidade dos materiais, mantendo inalteradas as suas características;
» permitir e manter clara a identificação dos materiais;
» racionalizar adequadamente a classificação dos materiais, identificando aqueles sem movimentação, os iguais porém estocados com nomes diferentes, os materiais inúteis e os materiais com estoques excessivos;
» reduzir custos relativos à armazenagem dos itens;
» sistematizar informações sobre os materiais estocados de forma rápida e eficaz;
» reduzir progressivamente a área de armazenagem.

Além disso, a armazenagem busca alcançar objetivos gerais, como os destacados nos itens que seguem.

---

1 No Capítulo 2, que trata de controle, abordaremos alguns métodos para reduzir a incerteza quanto às demandas futuras.

❱❱ Maximização do uso do espaço

Para a maximização do uso do espaço, é utilizada a terceira dimensão, como vemos na figura a seguir.

❱ Figura 1.2 – Ocupação horizontal e ocupação vertical

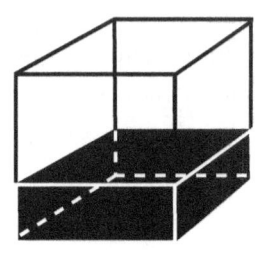

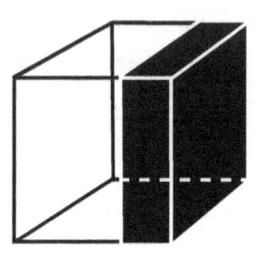

Fonte: Adaptado de Moura, 1979.

Nesse caso, é aproveitada não só a área, como também o volume disponível para a armazenagem.

❱❱❱ Aproveitamento eficaz dos recursos humanos e dos equipamentos

Esse conceito, tão importante em qualquer atividade, ganha destaque especial na armazenagem, uma vez que mão de obra e equipamentos são utilizados em atividades que, normalmente, não agregam valor ao produto.

❱❱❱ Facilidade de acesso aos itens estocados

Por mais óbvio que pareça, permitir fácil acesso ao estoque é, se não a primeira, uma das principais metas da armazenagem. Para que um item estocado possa ser encontrado rapidamente, é fundamental um *layout* apropriado e um sistema planejado de localização, com identificação e codificação inteligentes.

⟫ Qualidade na armazenagem

A qualidade da armazenagem começa com a preocupação da administração em planejar as operações e o ambiente. A boa iluminação dos corredores, a limpeza do piso e a segurança nos procedimentos são fatores fundamentais para uma estocagem ordenada e eficiente.

⟫ Proteção total dos itens

Uma das principais preocupações em relação à estocagem é manter a integridade dos itens estocados, que devem ser devolvidos nas mesmas condições em que se encontravam quando foram armazenados. Isso exige procedimentos seguros, para evitar deterioração, perdas ou danos.

⟫ Eficiência na movimentação dos itens

A simples movimentação de materiais não agrega valor ao produto, mas agrega custos. Mesmo assim, é uma das mais importantes atividades em uma área de estocagem, empenhando significativamente a mão de obra e os equipamentos disponíveis. Todos os esforços devem ser feitos na direção de garantir movimentações eficientes e seguras, sejam elas manuais, sejam elas mecanizadas.

⟫ Vantagens da armazenagem

Como mencionamos anteriormente, a armazenagem não é uma atividade isolada. Dessa forma, impacta o processo produtivo e a cadeia de suprimentos. Entre os reflexos positivos da armazenagem, destacam-se os itens caracterizados a seguir.

››› Balanceamento do fluxo produtivo

Para evitar excessivos estoques intermediários, devemos fixar volumes ideais de produção para componentes e produtos finais, o que induz à redução do tempo de preparação.

››› Controle da sazonalidade

Alguns produtos ou matérias-primas básicas podem estar sujeitos aos efeitos naturais da periodicidade. São os casos de alimentos, quanto à colheita, e da indústria da moda, quanto aos tecidos mais apropriados a cada estação do ano.

››› Continuidade do processo produtivo

A armazenagem ajuda a compensar a insegurança ou demora no abastecimento de materiais importados. A ameaça de crises em determinados setores vitais ao fornecimento de componentes também pode ser prevenida pela presença dos estoques. Súbitas variações para mais na demanda exigem aumentos de produção, os quais, por sua vez, requerem mais materiais e componentes. O custo de um possível não fornecimento aos clientes sempre é elevado e, entre outros aspectos, gera oportunidade para a concorrência se instalar. A armazenagem inteligente ajuda a neutralizar tais efeitos.

››› Ganhos especulativos

A armazenagem é útil sempre que, ao se adquirirem lotes maiores, mostre-se economicamente viável. Também é vantajoso armazenar materiais cujo preço sofra constantes variações no mercado global.

» Desvantagens da armazenagem

O ato de armazenar também traz consequências negativas. Como veremos a seguir, a estocagem acarreta custos para a empresa.

»» Custos financeiros

Estoques exigem imobilização de capital, o que representa um "custo de oportunidade". Afinal, esse capital poderia ser utilizado em aplicações possivelmente mais rentáveis.

»» Custos de edificações

A armazenagem exige espaços em edifícios, que podem ser próprios ou alugados. Nos anos de 1970 e início dos anos 1980, foram muito utilizados os galpões infláveis, os quais, embora não representassem necessariamente "construções", ocupavam terrenos que poderiam ter destinações mais nobres. Na atualidade, apesar de possíveis, são muito raros os exemplos de utilização de galpões infláveis para áreas de estoque.

»» Custos de controle

Uma boa armazenagem exige um sistema próprio, dedicado, além de estrutura administrativa e pessoal especializados.

»» Custos de obsolescência

A acelerada evolução tecnológica dos nossos dias expõe à obsolescência grande parte dos itens armazenados por muito tempo. Observemos, ainda, que, mesmo que não fiquem obsoletos, os materiais envelhecem, além de correrem riscos de danos e perdas.

››› Custos de movimentação

Almoxarifados centralizados costumam implicar a realização de percursos maiores até o ponto de utilização, aumentando os custos de movimentação. Estes podem ser reduzidos utilizando-se a estocagem descentralizada ou no ponto de uso, o que encurta distâncias e permite entregas mais rápidas.

›› Tipos de armazéns ou estoques

Existem diferentes denominações ou tipos de estoques, que podem ser alocados em um ou mais almoxarifados. Na maioria dos casos, as organizações utilizam os modelos básicos de almoxarifado, como descrito na sequência.

››› Almoxarifado de matérias-primas

Estocam-se nesse tipo de armazém os materiais que serão submetidos aos processos de transformação nas instalações industriais da empresa, resultando em produtos acabados ou semiacabados, encaminhados posteriormente aos seus respectivos almoxarifados. Compõem esse estoque todos os materiais que integrarão o produto final da empresa. Exemplos: chapas, forjados, fundidos, tarugos, laminados, pós, madeiras, resinas, itens comprados prontos ou processados em outras unidades da organização, enfim, tudo o que irá ser agregado ao produto em sua forma definitiva. Cabe aqui uma atenção especial aos líquidos, que podem exigir condições especiais de armazenagem em separado, como armazenamento livre, em silos e abrigos, em tanques, contêineres etc.

>>> Almoxarifado de materiais auxiliares

São os itens que participam do processo de transformação e, frequentemente, desgastam-se com ele. Cabem nessa classificação os lubrificantes em geral: ferramentas, separadores, rebolos, lixas, solventes etc. Fazem parte dessa categoria também os almoxarifados de ferramentaria, instrumentos, dispositivos, moldes de injeção, gabaritos e dispositivos, além de material de embalagem.

>>> Almoxarifado intermediário ou de semiacabados

Muitas vezes chamado de *estoque de materiais em processo* (MEP), esse almoxarifado influencia fortemente o custo de produção. Frequentemente, localiza-se entre um e outro posto de trabalho, sem delimitação de espaço e controle de quantidades. Nessa condição, dificulta o fluxo de materiais e pessoas, os quais ficam expostos a acidentes de vários tipos. Esses estoques são compostos de peças em processo de fabricação, subconjuntos e conjuntos que irão compor a montagem do produto final. Não raro, representam uma grande "dor de cabeça" para os gerentes e supervisores de produção.

>>> Almoxarifado de manutenção

É o local onde ficam componentes e peças que serão utilizados na manutenção de máquinas, instalações, equipamentos e edifícios. Trata-se de parafusos, porcas, rolamentos, buchas, polias, lâmpadas, ferramentas etc. Embora não seja recomendável, algumas empresas alocam nesse espaço seus materiais de escritório.

>>> Almoxarifado de produtos acabados

Nesse tipo de estoque estão os produtos finais da organização, embalados e prontos para a remessa aos clientes. O volume desse estoque resulta do nível de serviço (ou atendimento) que a empresa quer manter e do planejamento dos estoques de matéria-prima e de material em processo. Como vimos, produto acabado parado no estoque onera os custos, além de ficar sujeito à obsolescência. Filosofias de produção como o sistema *Just in Time* (JIT)[2] resultam na minimização desses estoques e permitem sua melhor administração.

» *Layout* e dimensionamento de espaços

O projeto do *layout* de um almoxarifado exige que sejam tomados alguns cuidados iniciais, a fim de se obter máxima utilização do espaço, eficiência no uso dos recursos disponíveis, adequada proteção dos itens estocados e rápido acesso a estes. A seleção dos equipamentos mais apropriados para utilização dentro e fora do prédio também deve merecer atenção, assim como as necessidades atuais de estocagem e suas possíveis flutuações em médio e longo prazo.

Ao planejar o espaço, é necessário dispor de uma série de dados, tais como:
- » estoque máximo;
- » estoque médio;
- » política de reposição dos estoques;
- » unidade de estocagem;
- » volume recebido e expedido por unidade de tempo;
- » tipo de estocagem, como granel, porta-palete, prateleira, estante refrigerada etc.;
- » método de movimentação existente ou previsto;
- » características dos equipamentos de movimentação existentes ou planejados, como tipo, dimensões, capacidade, raio de giro, propulsão etc.

No que diz respeito especificamente ao *layout*, outros quesitos merecem atenção, a saber:

---

[2] Trataremos desse conceito com mais acuidade nos capítulos subsequentes.

- » dimensões do produto;
- » dimensões do palete;
- » equipamento mecânico para movimentação: empilhadeira contrabalanceada × empilhadeira para corredor estreito;
- » disposição e dimensionamento dos corredores;
- » localização e dimensionamento das portas de acesso;
- » localização do recebimento e da expedição;
- » dimensionamento da área de serviço.

» Questão para reflexão

Você já pensou na importância que o *layout* tem para a atração de novos clientes? Em sua opinião, uma empresa que possui um *layout* planejado, seja em seus almoxarifados, seja em outros setores, é bem-vista pela clientela? Você concorda que, para as empresas se diferenciarem no mercado atual, elas precisam projetar novos *layouts* fabris, buscando agradar aos clientes internos e externos, proporcionando-lhes bem-estar ao se encontrarem dentro da empresa?

››› Espaçamento entre colunas

É um item de grande importância no projeto de uma área de armazenagem e depende muito dos elementos mencionados anteriormente. A determinação do espaço entre as colunas de sustentação é difícil e depende do dimensionamento da estrutura porta-palete, definida, por sua vez, pelo tamanho dos próprios paletes. Evidentemente, elementos estruturais e aspectos construtivos do prédio determinarão algumas condições para o espaçamento. O estudo cuidadoso dos relacionamentos possíveis entre todos esses fatores oferecerá uma solução otimizada para o uso do espaço.

⟩⟩⟩ Dimensionamento e posicionamento de corredores

Os corredores, com seu posicionamento e dimensionamento, constituem-se em elementos vitais para a operação eficiente de um almoxarifado. Afinal, além de permitirem a passagem interna, eles fazem a ligação entre as áreas de recebimento, armazenamento e expedição. Para o arranjo físico e o posicionamento, merecem destaque os tipos elencados a seguir.

- Corredores de trabalho: Local por onde os materiais são colocados e retirados do estoque. Há os corredores de transporte principal, que geralmente permitem tráfego de duplo sentido, e os corredores de cruzamento, que usualmente levam às portas opostas do armazém, permitindo o tráfego em sentido único.
- Corredores auxiliares: Utilizados para o acesso às chamadas *utilidades*, como fontes de ar comprimido, área para carregamento de baterias e equipamentos contra incêndios.
- Corredores de pessoal: Utilizados apenas para o tráfego de pessoas em direção aos interiores do prédio ou a áreas especiais. Devem ser devidamente demarcados.

Como orientação geral no *layout* de corredores, é recomendável que:

- sejam identificados por uma faixa amarela, pintada no piso e com largura entre 80mm e 100 mm;
- sua largura seja suficiente para permitir operações seguras e eficientes;
- sempre que possível, sejam utilizadas as colunas como demarcação de limites entre as áreas;
- tenham mão única, com exceção dos corredores de transporte principal;
- sua forma seja a mais retilínea possível;
- estejam sempre livres e desobstruídos;
- os cruzamentos sejam reduzidos ao mínimo necessário;

» conduzam, sempre que possível, às portas do almoxarifado.

A Figura 1.3 a seguir ilustra dois tipos de arranjo físico, um ideal e outro a ser evitado.

» Figura 1.3 – Tipos de arranjo físico para corredores

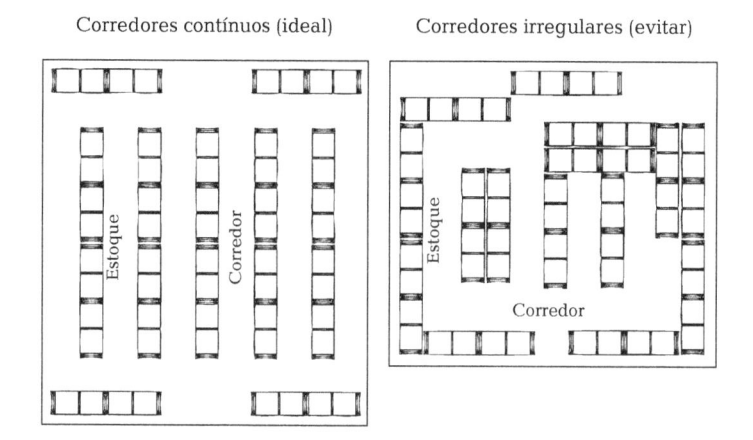

Corredores contínuos (ideal)   Corredores irregulares (evitar)

Ilustração de Abel Chang e Renan Itsue Moriya, adaptado de Moura, 1979.

Vejamos agora algumas especificidades de dimensionamento dos corredores.

Dimensionamento dos corredores

Consiste na determinação do espaço de manobras para empilhadeiras. O corredor de operação – espaço necessário para que um equipamento realize, num giro de 90°, as operações de carga e descarga de materiais – é de fundamental importância na seleção do equipamento de movimentação.

A integração entre o *layout* e a movimentação de materiais, em qualquer sistema que se planeje, sempre provoca a discussão sobre quem depende de quem: O sistema de movimentação depende do *layout* adotado, ou será o contrário? Evidentemente, existe uma relação direta entre os dois.

Se o sistema de movimentação se basear no uso de veículos industriais, como paleteiras, empilhadeiras e carrinhos mecanizados ou manuais, será preciso prever um adequado dimensionamento de corredores, a fim de possibilitar a circulação e a manobra dos equipamentos e da carga.

Por outro lado, a utilização de transportadores contínuos, principalmente os aéreos, assim como o uso de pontes rolantes e pórticos, exige uma concepção diferente para os corredores, já que eles recebem, principalmente, o fluxo de pessoas.

Em muitos casos, sistemas combinados de movimentação estão presentes e suas diversas variáveis afetam diretamente o *layout*.

» Figura 1.4 – Elementos para o dimensionamento da largura de corredores

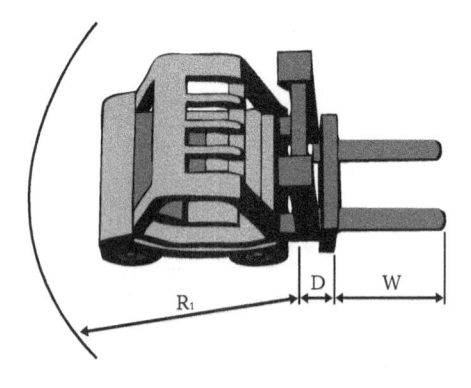

Ilustração de Abel Chang e Renan Itsue Moriya, adaptado de Moura, 1979.

Observe, pela Figura 1.4, que, no dimensionamento de corredores para empilhamento em ângulo reto, três elementos estão presentes:
» raio de giro do equipamento (R_1);

» distância entre a linha de centro do eixo dianteiro do equipamento e a frente do suporte dos garfos, acrescida da folga (C) desejada para cada operação (D);
» comprimento da carga (W).

Largura de corredores para paleteiras e transpaleteiras

Ao se utilizarem paleteiras e transpaleteiras com três rodas e conduzidas por timão, a largura necessária de corredor pode ser obtida pela fórmula:

$A = R_1 + D + W + C$

Em que:

A = largura mínima de corredor para empilhamento a 90°;
$R1$ = raio de giro do equipamento (fornecido pelo fabricante);
D = distância da face da carga até a linha de giro do timão (dada pelo fabricante);
W = comprimento da carga;
C = folga desejada para cada aplicação (geralmente $C = 200$ mm).

Nos casos em que o veículo é conduzido pelo operador a pé, deve-se considerar também o comprimento do timão quando em marcha e o espaço necessário para o operador controlar o equipamento. Uma visão esquematizada do que acabamos de descrever resulta na figura a seguir, extraída de catálogos de fabricantes de equipamentos de movimentação de materiais.

Largura de corredores para empilhadeiras contrabalanceadas

Devemos considerar aqui as diferenças existentes entre empilhadeiras frontais, contrabalanceadas, com três rodas e com quatro rodas. No caso das empilhadeiras frontais, contrabalanceadas e com três rodas, o centro do raio de giro externo localiza-se no centro do eixo dianteiro (tração). Nas empilhadeiras com quatro rodas, frontais e contrabalanceadas, o centro do raio de giro está deslocado para a esquerda ou para a direita da roda dianteira, conforme a curva que se executa.

» Figura 1.5 – Dimensionamento de corredores para paleteiras e transpaleteiras

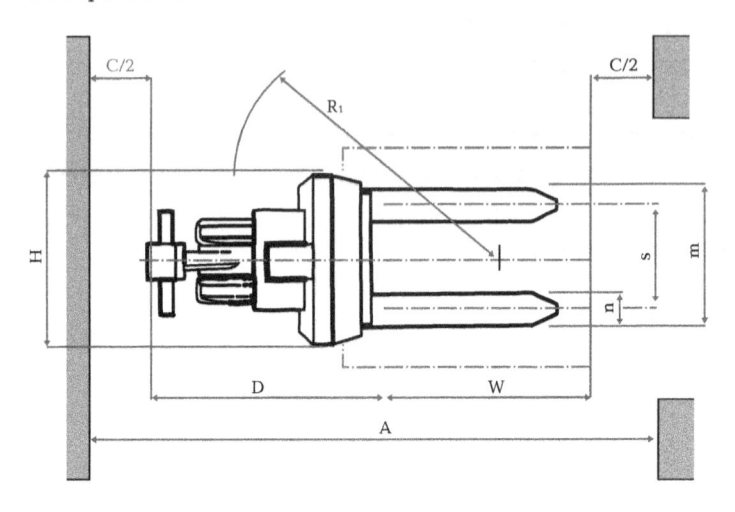

Ilustração de Abel Chang e Renan Itsue Moriya, adaptado de Moura, 1979.

Disso resulta que, ao fazer uma curva, a empilhadeira com três rodas descreve um raio de giro externo menor do que aquele descrito pela empilhadeira de quatro rodas, considerando-se a mesma capacidade de carga e as mesmas características dimensionais.

Sendo o raio de giro externo do equipamento um dos componentes do dimensionamento da largura de corredores, empilhadeiras com quatro rodas exigem corredores mais largos do que os necessários para as de três rodas.

A fórmula geral para o dimensionamento de corredores considera três casos: cargas de pequena largura, cargas de largura média e cargas de grande largura.

1) *Cargas de pequena largura*

A fórmula para o dimensionamento da largura de corredores nesse caso é:

$A = R_1 + D + W + C$

Em que:

A = largura mínima de corredor para empilhamento a 90°;
R_1 = raio de giro externo (especificado pelo fabricante com a empilhadeira vazia, sem potência total e em baixa velocidade);
D = distância entre a face da carga e a linha central do eixo dianteiro (tração) do equipamento;
W = comprimento da carga;
C = folga desejada para cada aplicação.

» Figura 1.6 – **Empilhadeira frontal, de contrapeso, carga de largura pequena**

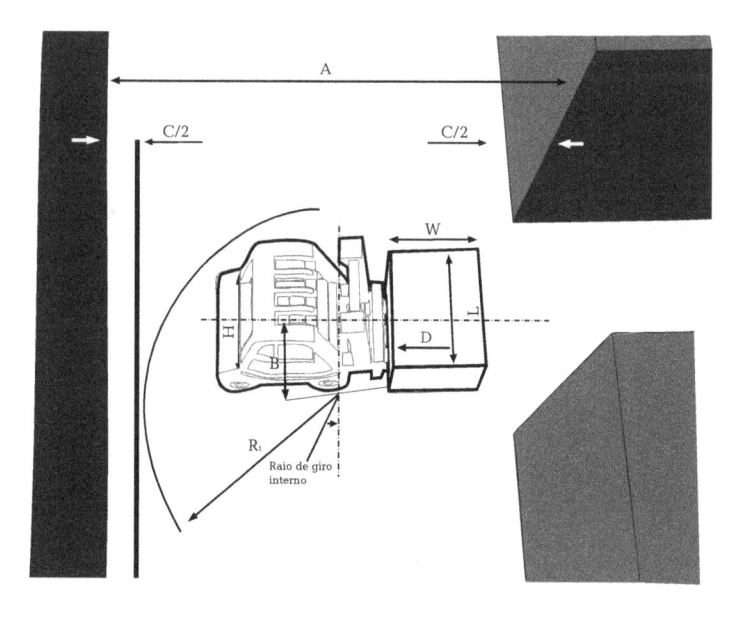

Ilustração de Abel Chang e Renan Itsue Moriya, adaptado de Moura, 1979.

Exemplo:

Qual será a largura mínima de corredor para empilhamento a 90° para que uma empilhadeira frontal, contrabalanceada, com capacidade para três toneladas movimente cargas de comprimento e largura iguais a 1.200 mm? A folga desejada é de 200 mm.

Solução:

Conforme as especificações técnicas do fabricante para uma empilhadeira como essa:

$R_1 = 2.380$ mm.

$D = 465$ mm.

Como $A = R_1 + D + W + C \rightarrow A = 2.380 + 465 + 1.200 + 200 \rightarrow A = 4.245$ mm.

2) *Cargas de largura média*

Consideram-se cargas de largura média aquelas nas quais L é maior que 2B e menor que $2(R_1 - B)$. Portanto, a largura da carga será tal que: $2B < L < 2(R_1 - B)$.

» Figura 1.7 – Empilhadeira frontal, de contrapeso, carga de largura média

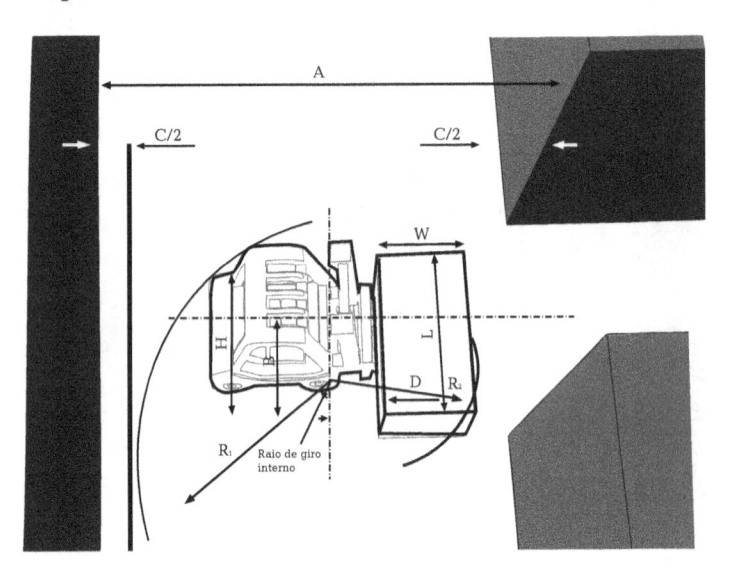

Ilustração de Abel Chang e Renan Itsue Moriya, adaptado de Moura, 1979.

Nesse caso, temos:

$A = R_1 + R_2 + C$

Em que:

A = largura mínima do corredor para empilhamento a 90°;
R_1 = raio de giro externo (sem carga e em baixa velocidade);
R_2 = distância do centro de giro até a extremidade da carga;
C = folga desejada para cada aplicação.

$$R_2 = \sqrt{(D + W)^2 + (L/2 - B)^2}$$

Em que:

B = metade da largura da empilhadeira mais o raio de giro interno;
D = distância da face da carga até a linha de centro do eixo dianteiro (tração);
W = comprimento da carga;
L = largura da carga.

Exemplo:

Qual será a largura mínima de corredor para empilhamento a 90° para que uma empilhadeira frontal, de contrapeso e com capacidade para três toneladas movimente uma carga com 1.200 mm de comprimento e 2.000 mm de largura? A folga desejada é de 200 mm.

Solução:

Como primeiro passo, devemos verificar se a carga realmente é 2B < L < 2 $(R_1 - B)$ = largura média, ou seja, se atende à condição.

Constatamos os seguintes dados no catálogo de empilhadeira:

H = 1.260 mm = largura da empilhadeira;
205 mm = raio de giro interno;
R_1 = 2.380 mm = raio de giro externo;
D = 465 mm = distância da face da carga até a linha de centro do eixo de tração.
Temos, então:

$$B = \frac{1.260}{2} + = 835$$

$2(R_1 - B) = 2(2.380 - 835) = 3.090$

Comparando, temos:

L = 2.000 é maior que 2B = 1.670, e 2 $(R_1 - B)$ = 3.090 é maior que L = 2.000, configurando uma carga de largura média. Assim, podemos aplicar a fórmula:

$A = R_1 + R_2 + C$

$R_2 = \sqrt{(D + W)^2 + (L/2 - B)^2} \rightarrow R_2 = \sqrt{(465 + 1.200)^2 + (1.000 - 835)^2}$

$R_2 = 1.673$ mm

$A = 2.380 + 1.673 + 200$

$A = 4.253$ mm

3) *Cargas de grande largura*

Consideram-se cargas de grande largura aquelas nas quais $L > 2 (R_1 - B)$.

» Figura 1.8 – Empilhadeira frontal, contrabalanceada, com carga de grande largura

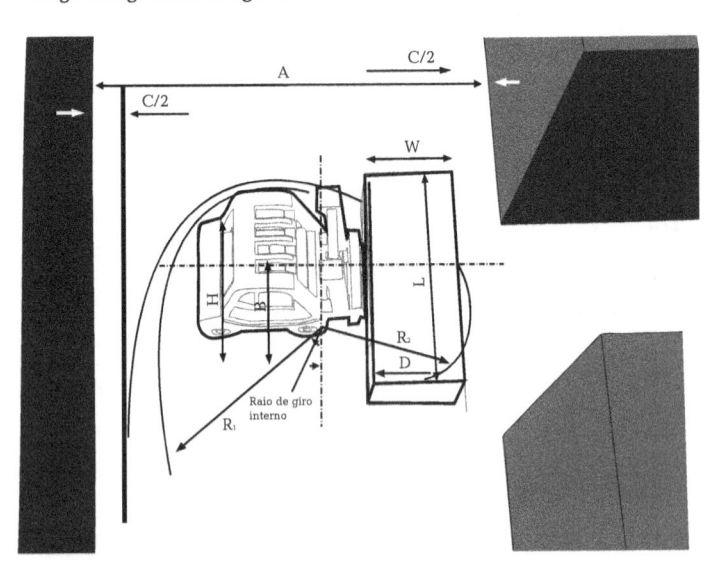

Ilustração de Abel Chang e Renan Itsue Moriya, adaptado de Moura, 1979.

Nesses casos, a largura mínima de corredor será:

$A = L/2 + B + R_2 + C$

Em que:

A = largura mínima de corredor para empilhamento a 90°;
B = metade da largura da empilhadeira mais o raio de giro interno;
D = distância da face da carga até a linha de centro do eixo de tração;
R_1 = raio de giro externo do equipamento;
R_2 = distância do centro de giro até a extremidade da carga;
W = comprimento da carga;
L = largura da carga;
C = folga desejada na operação.

Exemplo:

Qual será a largura mínima de corredor para empilhamento a 90° para que uma empilhadeira frontal, de contrapeso e com capacidade para três toneladas movimente cargas com comprimento de 1.200 mm e largura de 3.100 mm? A folga desejada na operação é de 200 mm.

Solução:

O primeiro passo será confirmar se a carga é realmente de grande largura, verificando-se a relação L > 2 (R_1 – B).
Do folheto de especificações técnicas da empilhadeira, extraímos as informações:
H = 1.260 mm = largura da empilhadeira;
205 mm = raio de giro interno;
R_1 = 2.380 mm = raio de giro externo.

Temos, então:

$$B = \frac{1.260}{2} = 835$$

2 (R_1 – B) = 2 (2.380 – 835) = 3.090
Assim, temos que L = 3.100 é maior que 3.090. Utilizaremos a expressão para o dimensionamento de corredores para grandes cargas: A = L/2 + B + R_2 + C.
$R_2 = \sqrt{(D + W)^2 + (L/2 - B)^2} \rightarrow R_2 = \sqrt{(465 + 1.200)^2 + (1.550 - 835)^2}$
R_2 = 1.812 mm
A = 1.550 + 835 + 1.812 + 200
A = 4.397 mm

Evidentemente, quanto maior a capacidade da empilhadeira, maior será o contrapeso exigido, aumentando, assim, suas dimensões. Embora isso varie de acordo com o modelo e a capacidade, empilhadeiras maiores acabam por exigir corredores de maior largura.

» Otimizando o *layout*

Diferentes alternativas de *layout* influem também de modo diverso na movimentação de materiais. Entretanto, em qualquer alternativa adotada, duas variáveis se destacam por seu poder de influência: intensidade de fluxo e distância percorrida.

A intensidade de fluxo quantifica a movimentação de materiais numa unidade de tempo. Exemplos: viagens de empilhadeiras/hora; paletes movimentados/dia etc. Ela é diretamente proporcional às necessidades de recursos de movimentação.

A distância se refere ao espaço percorrido por um equipamento de movimentação dentro do fluxo. Ela é diretamente proporcional ao tempo utilizado pelo equipamento em cada movimentação.

Banzato (2001) propõe a utilização de um indicador que combine a intensidade de fluxo com a distância a ser percorrida, resultando no "momento de transporte". Numa expressão matemática, temos:

Momento de transporte = intensidade de fluxo · distância percorrida

Com base nesse indicador, é possível determinar a eficiência de um *layout* no que respeita à movimentação de materiais e dimensionar a necessidade de equipamentos.

Uma utilização eficiente com movimentação mínima recomenda que a razão entre o comprimento (C) e a largura (L) de um armazém seja tal que $C/L = 2$, do que resulta que, num armazém ideal, o comprimento do prédio terá o dobro da largura ($C = 2L$). Na figura a seguir, pode-se constatar tal afirmação.

» Figura 1.9 – Relação C/L ideal

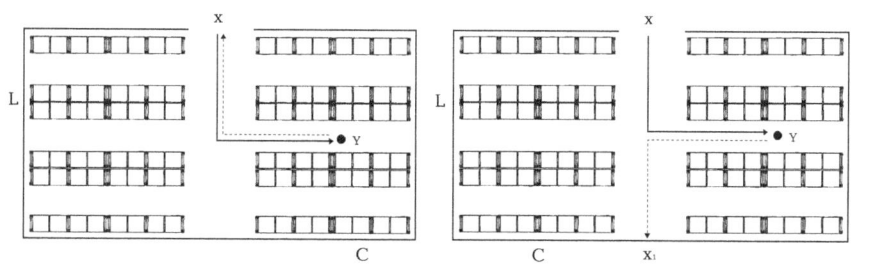

Em qualquer situação de localização das portas, e considerando o centro geométrico do armazém, um equipamento que desloque ou retire um material de X para Y e retorne ao ponto X percorrerá, em média, uma distância D igual a L mais a metade de C, ou seja, $D = L + \frac{1}{2} C$.

A relação ideal $C = 2L$ pode ser demonstrada matematicamente. Assim, nos exemplos da Figura 1.9, a área de armazenagem será:

$A = LC$.

$L = C/2 \to A = \dfrac{C}{2} \cdot C \to A = \dfrac{C^2}{2} \to 2A = C^2 \to C = \sqrt{2} \cdot \sqrt{A}$

$C = 1{,}41 \sqrt{A}$

$C = 1{,}41 \sqrt{A} \to C = 1{,}41 \sqrt{C \cdot L} \to C^2 = (1{,}41)^2 \cdot C \cdot L \to C^2 = 2C \cdot L$

$C^2 / C = 2L$

$C^2 / C = 2L \to C = 2L$

Assim, a relação ideal para o dimensionamento de um armazém será o comprimento igual a duas vezes a largura. Essa relação pode variar de 1 a 5, sem aumentar a distância em mais de 15% (Moura, 1979).

» Para saber mais

PALETTA, M. A.; SILVA, A. G. da. **Otimizando o layout do armazém através da movimentação eficiente de materiais**. Disponível em: <http://www.logisticadescomplicada.com/wp-content/uploads/2010/07/Otimizando-o-Layout-do-Armazem.pdf>. Acesso em: 3 jul. 2012.

Para ampliar seus conhecimentos sobre a otimização de *layouts* de armazéns, sugerimos a leitura do artigo acima citado, escrito pelos professores Marco Antonio Paletta e Alexanders Gonçalves da Silva, docentes da Faculdade de Tecnologia Professor Luiz Rosa, de São Paulo.

» O armazém perfeito

Em estudo realizado de 2004 a 2005 pela equipe do Dr. Edward H. Frazelle, professor do The Logistics Institute at Georgia Tech, foi avaliado o desempenho operacional de 139 armazéns de grandes empresas norte-americanas. Para tanto, os estudiosos utilizaram um índice denominado WQI (do inglês *Warehouse Quality Index*), obtido pela ponderação entre a acurácia na expedição e a acurácia no inventário. O índice WQI teve média de 93,2% e, ao reunir as melhores práticas, alcançou pico de 99,65%.

Todos os armazéns foram classificados conforme o WQI e, pela análise dos melhores resultados, construiu-se o perfil do armazém ideal, aquele do qual seria possível extrair os melhores indicadores de desempenho. Seria um armazém com 180 m de comprimento, 90 m de largura (comprovando a relação C = 2L) e 9 m de altura (pé direito), com uma área de armazenagem equivalente a 16.200 m^2. Ele ficaria localizado em uma área que permitisse atender aos principais mercados internos em até 24 horas, numa região próxima ao principal porto do país e que dispusesse de mão de obra qualificada em quantidade suficiente. Sua ocupação média, no curso do mês, seria de 80%, com picos de 90%. Trabalharia, assim, com capacidade ociosa planejada.

A operação desse armazém ideal seria assistida por um WMS (do inglês *Warehouse Management System*), integrado a sistemas de informação que prescindissem de documentação em papel. No seu quadro de pessoal, a relação seria de um supervisor para 8 operadores, quando focalizasse a qualidade do processo, e de um supervisor para 12 operadores, quando a prioridade organizacional fosse a produtividade.

O manuseio de materiais seria altamente automatizado nesse modelo, especialmente na separação de pedidos. Perfis operacionais diferenciados receberiam soluções especialmente desenvolvidas para eles, levando-os a uma *performance* de classe mundial, a qual seria aferida utilizando-se indicadores de desempenho que contemplassem índices financeiros, de produtividade, de qualidade e de tempos de ciclo.

» Para saber mais

GEORGIA TECH – SUPPLY CHAIN & LOGISTICS INSTITUTE. Disponível em: <http://www.tli.gatech.edu/>. Acesso em: 3 jul. 2012.

The Logistics Institute at Georgia é uma ótima indicação para quem deseja conhecer um pouco mais sobre logística e cadeia de suprimentos. A leitura do conteúdo do *site* exige conhecimento em língua inglesa.

» Equipamentos de armazenagem e movimentação de materiais[3]

A seleção de equipamentos para armazenagem e movimentação de materiais deve sempre se pautar pela simplicidade, observando a relação entre custo e benefício. Tanto quanto possível, os equipamentos devem ser simples, baratos e flexíveis.

---

3 Os conteúdos desta seção, assim como as sequências de imagens, têm como base Martins e Laugeni (1998).

››› Equipamentos para armazenagem de cargas unitizadas

As dimensões e as peculiaridades de cada material exigem diferentes equipamentos de armazenagem, que podem variar de simples prateleiras a estruturas metálicas sofisticadas. De forma geral, recomenda-se o uso de:

- » estruturas metálicas modulares, que permitam ampliações;
- » contentores modulares, preferencialmente em telas de arame e dobráveis;
- » paletes padronizados;
- » estruturas porta-paletes que permitam o sistema Peps (primeiro a entrar, primeiro a sair).

As figuras a seguir ilustram alguns dos equipamentos mais utilizados na armazenagem de materiais.

» Figura 1.10 – Porta-paletes de dupla profundidade

Principais características:

» permite boa utilização do espaço disponível;
» exige o uso de empilhadeiras especiais;
» possibilita índice de seletividade de 50%.

» Figura 1.11 – **Porta- paletes simples**

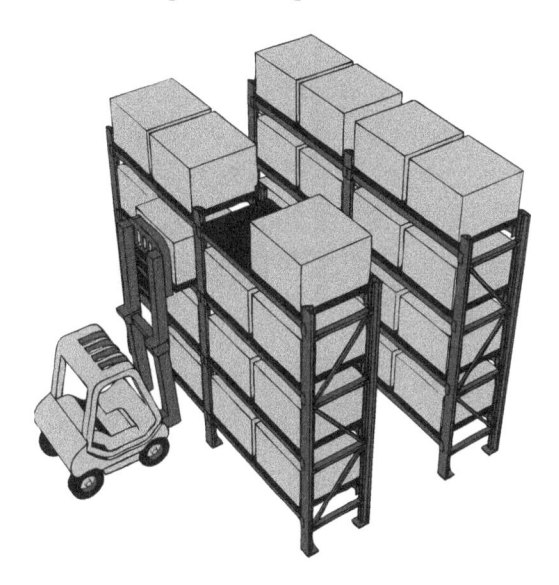

Principais características:

» possibilita utilização razoável do espaço disponível;
» permite 100% de seletividade;
» seu custo é barato em relação a outros modelos.

» Figura 1.12 – Porta-paletes móvel

Principais características:
- » possibilita excelente utilização do espaço;
- » permite razoável seletividade;
- » pode apresentar dificuldades para acessar o produto;
- » gera um custo muito alto em sua utilização.

» Figura 1.13 – Porta-paletes *drive-in/drive-through*

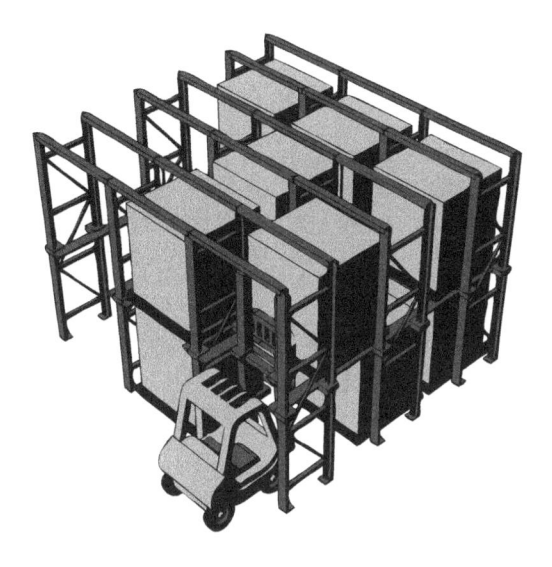

Principais características:

» apresenta preço razoável;
» permite ampla utilização do espaço;
» possibilita baixo índice de seletividade.

» Figura 1.14 – Elementos e acessórios das estruturas porta-paletes

» Figura 1.15 – **Porta-palete: vista frontal (componentes dimensionais)**

» Figura 1.16 – **Porta-palete: vista lateral (componentes dimensionais)**

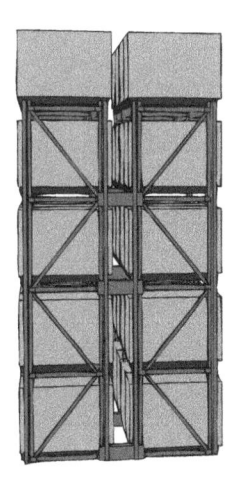

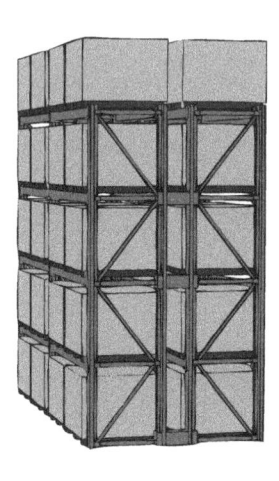

» Figura 1.17 – **Estrutura do tipo mezanino**

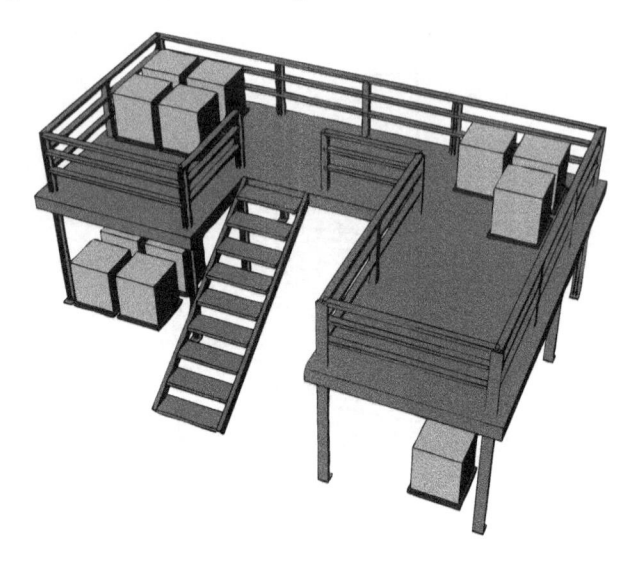

Principais características:
» possibilita ampla utilização do espaço vertical;
» apresenta custo relativamente elevado.

» Figura 1.18 – Estocagem dinâmica por gravidade

Principais características:

» gera alto custo do porta-paletes;
» é recomendável para estocagem de itens de alta rotatividade;
» permite ampla utilização do espaço.

» Figura 1.19 – Estrutura para materiais de grande porte

Principais características:
» apresenta estrutura reforçada;
» é indicada para cargas compridas;
» permite índice de seletividade de 100%.

» Figura 1.20 – Estrutura do tipo cantiléver dinâmico operada por ponte rolante empilhadeira

Principais características:
» exige alto investimento em equipamento de movimentação (ponte rolante empilhadeira);
» permite reduzir a largura dos corredores para empilhamento.

»» Equipamentos para a movimentação de materiais

Também deve imperar o princípio da simplicidade na movimentação de materiais, selecionando-se equipamentos adequados às necessidades de cada caso e visando-se sempre à relação custo-benefício. As figuras a seguir ilustram algumas das soluções mais utilizadas.

Palete

Trata-se de uma plataforma disposta horizontalmente para carregamento, constituída de vigas, blocos ou uma simples face sobre os apoios, cuja altura é compatível com a introdução dos garfos da empilhadeira. Permite o agrupamento de materiais e possibilita o manuseio, a estocagem, a movimentação e o transporte num único carregamento.

As vantagens de sua utilização são as seguintes:

» aproveitamento melhor do espaço disponível para armazenamento, utilizando-se totalmente do espaço vertical disponível, por meio do empilhamento máximo;
» economia nos custos de manuseio de materiais, mediante a redução do custo da mão de obra e do tempo necessário para as operações braçais;
» possibilidade de utilização de embalagens plásticas ou amarração por meio de fitas de aço da carga unitária, formando uma só embalagem;
» compatibilidade com todos os meios de transporte (marítimo, terrestre, aéreo);
» facilidade no trato de carga, descarga e distribuição nos locais acessíveis aos equipamentos de manuseio de materiais;
» disponibilidade uniforme de materiais, para desobstrução dos corredores do armazém e dos pátios de descarga;

» manuseio feito por uma grande variedade de equipamentos, como empilhadeiras, transportadores, elevadores de carga e até sistemas automáticos de armazenagem.

» Figura 1.21 – Palete

Existem diversos tipos de paletes, que podem ser agrupados em duas classes e quatro subclasses:
» quanto ao número de entradas – paletes de duas entradas e paletes de quatro entradas;
» quanto ao número de faces – paletes de uma face e paletes de duas faces.
Veremos a seguir as especificidades de cada modelo.

Palete de duas entradas

É utilizado quando a movimentação de materiais não necessita do cruzamento de equipamentos de manuseio.

» Figura 1.22 – Palete de duas entradas

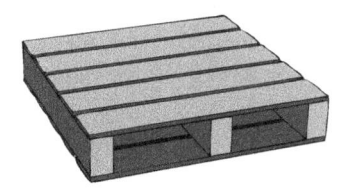

Palete de quatro entradas

É utilizado sempre que o sistema de movimentação de materiais exigir o cruzamento de equipamentos.

» Figura 1.23 – Palete de quatro entradas

Palete de uma face e duas entradas

Indicado quando o material a ser movimentado não exige paletes reforçados e quando a operação não exige estocagem.

» Figura 1.24 – Palete de uma face e duas entradas

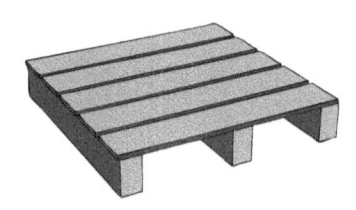

Palete de duas faces e duas entradas

É recomendado nos casos em que há exigência de um modelo mais reforçado (armação com travessas na parte inferior) ou interesse em "dobrar a vida útil" do palete (ambas as faces do palete podem suportar cargas).

» Figura 1.25 – **Palete de duas faces e duas entradas**

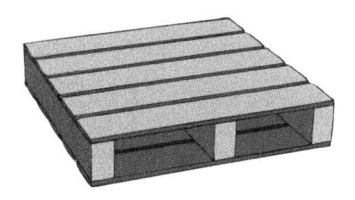

Esse tipo de palete é recomendável quando os materiais movimentados podem deteriorar a madeira de alguma forma (causando corrosão, atrito etc.).

Caçambas ou recipientes de coleta

Feitas de madeira ou chapa metálica, as caçambas, também conhecidas como *recipientes de coleta*, são equipamentos que utilizam o mesmo princípio do palete no que se refere aos aspectos de transportabilidade, o que lhes possibilita ser apanhados por algum tipo de equipamento de movimentação.

Os recipientes de coleta metálicos geralmente são fabricados com chapas onduladas, o que lhes confere maior resistência e durabilidade. Apresentam-se em formatos variados, de acordo com necessidades específicas, sendo mais comum o de base retangular. A figura a seguir exemplifica dois tipos deles.

» Figura 1.26 – **Caçambas ou recipientes de coleta**

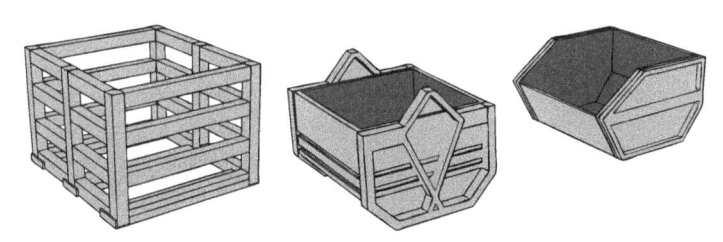

As caçambas são utilizadas principalmente para a movimentação de materiais a granel, como porcas, parafusos, arruelas, pinos e assemelhados, em grande quantidade.

Berços metálicos e racks

Berços metálicos são estruturas construídas com o formato e as dimensões da peça a ser movimentada, acomodando-a e permitindo seu transporte por equipamentos. Em razão das características peculiares que podem assumir (forma irregular, centro de gravidade deslocado), sua base costuma ter dimensões consideradas não ideais. São utilizados geralmente para acomodar peças de grande comprimento, como tubos, barras e perfis.

Já os *racks* são estruturas metálicas (ou de outros materiais) nas quais são montados dispositivos especiais sobre sua base, de forma a acomodar conjuntos montados, como motores ou caixas de câmbio.

» Figura 1.27 – Berço metálico

No desenvolvimento de alternativas que se adaptem a materiais com características especiais, é recomendável que, na medida do possível, sejam observadas as dimensões básicas de 1.200 mm × 1.000 mm ou 1.100 mm × 1.100 mm. Isso possibilitará sua movimentação por meio dos equipamentos de movimentação normalmente disponíveis nas organizações, como os mostrados a seguir.

» Figura 1.28 – Paleteira manual

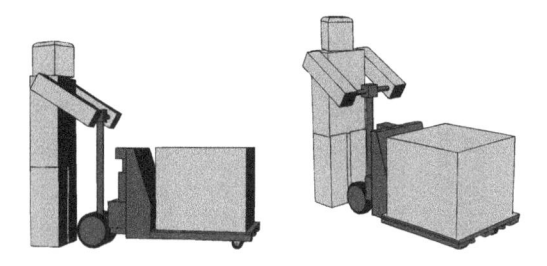

» Figura 1.29 – Transpaleteiras elétricas

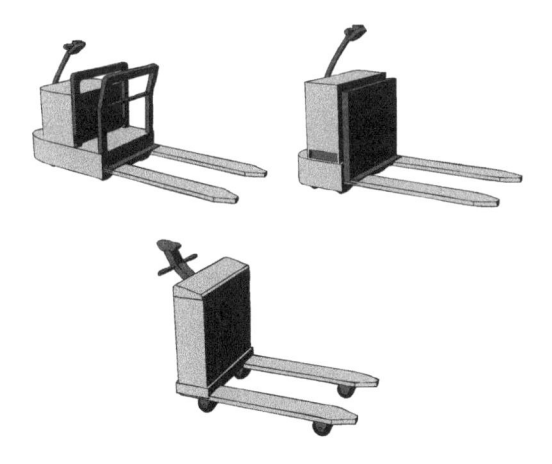

» Figura 1.30 – Empilhadeiras frontais contrabalanceadas

» Figura 1.31 – Empilhadeira de patola

» Figuras 1.32 – Empilhadeiras de garfo lateral

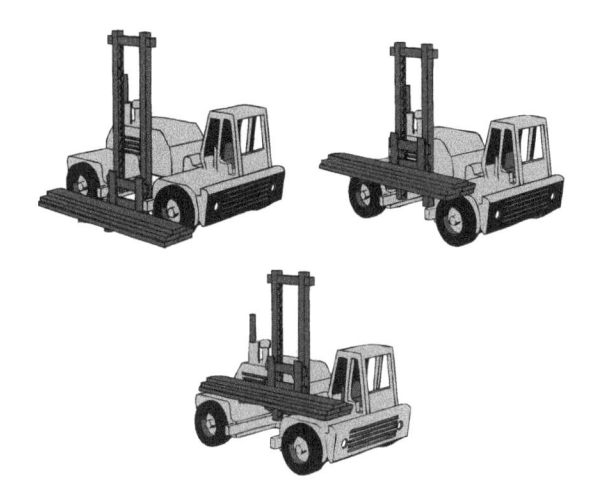

» Figura 1.33 – Empilhadeiras de garfo lateral

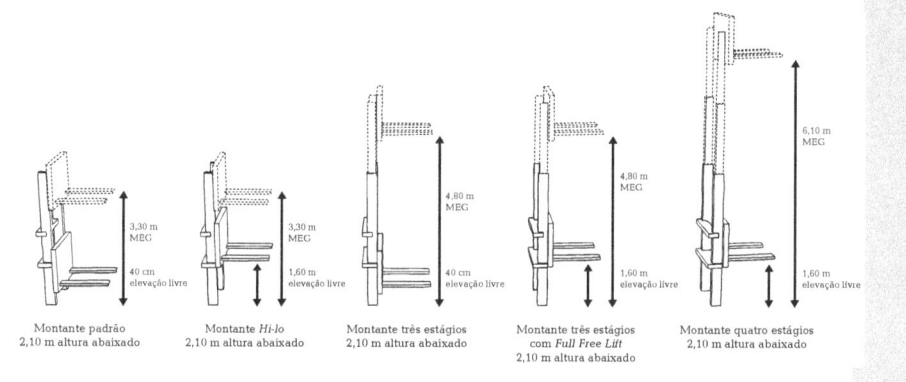

Montante padrão	Montante *Hi-lo*	Montante três estágios	Montante três estágios com *Full Free Lift*	Montante quatro estágios
3,30 m MEG	3,30 m MEG	4,80 m MEG	4,80 m MEG	6,10 m MEG
40 cm elevação livre	1,60 m elevação livre	40 cm elevação livre	1,60 m elevação livre	1,60 m elevação livre
2,10 m altura abaixado	2,10 m altura abaixado	2,10 m altura abaixado	2,10 m altura abaixado	2,10 m altura abaixado

Ilustração de Abel Chang e Renan Itsue Moriya adaptado de Moura, 1979, p. 217.

» Figura 1.34 – Empilhadeiras com montante telescópico (alta elevação)

O desenvolvimento tecnológico nos oferece empilhadeiras telescópicas cuja elevação dos garfos chega a 12 m e com opção de colocação e retirada lateral de cargas. Há, também, a movimentação de paletes por um equipamento chamado *stacker crane*, que consiste numa torre apoiada sobre um trilho inferior e guiada por um trilho superior. Pode ser instalada em corredores com menos de 1 m de largura, e algumas torres atingem até 30 m de altura. Exige alto investimento, mas proporciona grande economia de espaço.

» Considerações finais sobre armazenagem e movimentação

››› Necessidade de espaço

O espaço necessário para a armazenagem é identificado com base no dimensionamento dos níveis de estoque. Verificadas as medidas e o peso de cada item, são estabelecidos o número necessário de prateleiras, caixas e contentores e a dimensão do espaço para corredores e utilidades. Determinada a área para os materiais e os corredores, traça-se o *layout*.

⟩⟩⟩ Equipamentos contra incêndios

Além de extintores, mangueiras, hidrantes e alarmes, os almoxarifados devem estar equipados com *sprinklers*, que são pequenos chuveiros automáticos, geralmente instalados no teto e que reagem à elevação da temperatura a partir de um nível determinado, espalhando água sobre a área de estocagem e combatendo o incêndio até a chegada dos bombeiros. A altura máxima de empilhamento deve ficar à distância de cerca de um metro dos *sprinklers*.

⟩⟩⟩ Resistência do piso

Pisos mal dimensionados e pouco resistentes racham com facilidade e dificultam a circulação dos equipamentos de movimentação, além de oferecer riscos de acidentes. Sua construção deve ser em concreto de alta resistência, de forma a suportar o tráfego de empilhadeiras com carga e o peso dos materiais estocados. Especial atenção deve ser dada a eventuais rampas existentes no percurso dos equipamentos de movimentação. Por exemplo: empilhadeiras elétricas têm uma capacidade reduzida de vencer rampas, quando comparadas a similares movidas por motor de combustão interna. A capacidade de subir rampas é um dado de catálogo, fornecido pelo fabricante. Para determinar a porcentagem de inclinação de uma eventual rampa existente no percurso dos equipamentos de movimentação, recorre-se à expressão a seguir:

$$\% \text{ da rampa} = \frac{H}{C} \cdot 100$$

Em que:

H = altura da rampa;
C = comprimento da rampa.

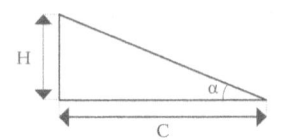

››› Localização dos itens

Para facilitar a movimentação, os itens de maior demanda e aqueles de maior peso ou volume devem ser alocados o mais próximo possível da área de embarque.

››› Área de embarque

Na expedição, a doca de embarque de materiais tem, geralmente, 1,25 m de altura em relação ao piso. Há casos em que, a fim de adaptar-se às diferentes alturas de carrocerias de caminhões, as plataformas de embarque e desembarque movimentam-se verticalmente apoiadas sobre pistões hidráulicos. O tempo médio para carga e descarga e a quantidade média de embarques e desembarques são as variáveis que interferem no dimensionamento da área destinada a essas operações.

››› Dimensões das portas

Considerando-se que as empilhadeiras, frequentemente, têm 2,10 m de altura com o mastro abaixado, a altura mínima das portas normalmente é de 2,40 m. A largura depende da natureza dos materiais movimentados, mas geralmente apresenta um mínimo de 3 m.

⟫⟫ Área administrativa

A localização ideal dos escritórios da administração do almoxarifado é próxima à área de expedição, embora algumas empresas mantenham instalações centrais que abrigam as atividades de controle, gerenciamento, entre outras.

⟫⟫ Sistemas de movimentação

Devem ser revistos os sistemas de movimentação quando:

» a produção para até que seja abastecida por matéria-prima;
» os operadores de produção saem de seus postos para fazer operações de transporte;
» o fluxo de materiais é confuso, indo e vindo na mesma direção repetidas vezes durante o processo produtivo;
» inspeções e/ou conferências provocam desvios no caminho normal dos materiais, em seu processo de transformação;
» cargas pesadas (acima de 30 kg) são manuseadas sem o auxílio de equipamentos adequados.

⟫ Síntese

Apresentamos, neste capítulo, alguns dos principais benefícios de se realizar o armazenamento de materiais. Sabemos que são raras as empresas que não trabalham com a política de estoque, visto que a matéria-prima, para muitos produtos, sofre alta de preços constantemente, havendo necessidade de armazenar os produtos necessários. Em contrapartida, apresentamos como desvantagens tópicos como o investimento em edificações (maximizando-se o espaço de armazenagem, há a possibilidade de serem criados maiores estoques), que representam um custo considerável para as organizações, e a aceleração tecnológica, que faz com que produtos estocados por muito tempo tornem-se ultrapassados, velhos e obsoletos.

Nesse contexto, abordamos alguns tipos de almoxarifados presentes em diversas instituições, mostrando que, para uma empresa possuir um almoxarifado organizado e adequado, é imprescindível a criação de um *layout* otimizado, que contribua para o deslocamento de pessoas e para a movimentação de equipamentos e produtos. Citamos, também, dados essenciais para o planejamento de um *layout* que esteja em conformidade com a empresa, como as dimensões do produto, o estoque máximo e o estoque médio. Ainda sobre esse assunto, mencionamos alguns equipamentos que fazem a movimentação de cargas internamente nas empresas, apresentando as dimensões dos modelos encontrados no mercado e os tipos de equipamentos comumente utilizados na armazenagem de produtos.

Dessa forma, observamos que a armazenagem tem um papel fundamental no processo de logística e que a empresa deve controlar o que tem em estoque, evitando que este se torne uma "dor de cabeça" em sua administração.

» Exercícios resolvidos

1) Bobinas de aço são movimentadas por uma ponte rolante que as descarrega de um caminhão e as coloca no chão para posterior estocagem, levando um tempo total de 10 minutos – 30 segundos por bobina. A ponte rolante também descarrega chapas de aço, retirando-as do caminhão e colocando-as no chão, em uma operação que demanda um tempo de 5 minutos por fardo de chapas (cada fardo tem 5 chapas). A previsão de consumo para os próximos meses é de 800 bobinas e 1.100 fardos de chapas

por mês. Quando a ponte rolante não está disponível, a descarga dos materiais é feita por uma empilhadeira, que é utilizada para outras atividades durante 60% de seu tempo disponível e que, quando é utilizada na descarga, leva 15 minutos por bobina e 8 minutos por fardo de chapa, em média. Deseja-se efetuar o recebimento em apenas um turno de trabalho. Avalie o número de equipamentos de movimentação necessário, lembrando que, nesse tipo de trabalho, no que se refere à utilização da ponte rolante, é preferível a utilização da empilhadeira. A ponte rolante deve preferencialmente ser utilizada na descarga de bobinas em primeiro lugar. Considere que o mês tem 25 dias úteis para o recebimento de materiais, que os equipamentos podem ser utilizados durante 7 horas por dia no máximo e que o tempo de cada equipamento inclui a ida e a volta (Martins; Laugeni, 1998, p. 64).

Solução:
a. Ponte rolante
Capacidade da ponte rolante:
7 h/dia · 60 min/h · 25 dias = 10.500 min/mês
Número de bobinas que podem ser descarregadas:
10.500 min / 10,30 min = 1.019,42
Portanto, a ponte rolante tem capacidade suficiente. Quanto tempo seria preciso para que a ponte rolante descarregasse as bobinas necessárias no mês?
Tempo necessário: 800 bobinas · 10,30 min = 8.240 min
Tempo que sobra para a ponte rolante:
10.500 – 8.240 = 2.260 min
Fardos de chapa que podem ser descarregados pela ponte rolante: 2.260 min / 5 min por fardo = 452 fardos de chapa.

b. Empilhadeira
A empilhadeira deverá descarregar os outros fardos:
1.100 – 452 = 648 fardos
Para isso, será necessário, no mês, um tempo de:
648 · 8 min = 5.184 min
A empilhadeira trabalha 40% de seu tempo:
40% · 10.500 = 4.200 min

Há necessidade de um tempo adicional para a empilhadeira de: 5.184 – 4.200 = 984 min ou 16,40 h/mês. Esse tempo poderá ser obtido trabalhando-se em horas extras ou alugando-se outra empilhadeira pelo período necessário.

2) Uma transpaleteira elétrica com capacidade para 1.500 kg, com operador sentado, deve transportar cargas acomodadas sobre paletes de 1.200 mm × 1.200 mm. Qual deve ser a largura mínima de corredor para empilhamento em ângulo reto, considerando-se a folga desejada de 200 mm?

Solução:
Do folheto de especificações técnicas retiramos as informações:
Raio de giro externo = 875 mm
Distância da face da carga até a linha de giro do timão = 365 mm
A = R1 + D + W + C
A = 875 + 365 + 1.200 + 200
A = 2.640 mm

》 Questões para revisão

1) Quais os princípios para um bom *layout* de almoxarifado?

2) O que significa *momento de transporte* e para que serve?

3) Considere as afirmações a seguir:
    I. O uso de paletes no armazenamento permite melhor aproveitamento do espaço vertical disponível.
    II. A utilização de paletes facilita as operações de carga e descarga.
    III. Os paletes têm o inconveniente de não se adaptarem a empilhadeiras trilaterais e a sistemas automáticos de armazenagem.

Estão corretas as afirmações:
a. I.
b. I e II.
c. III.
d. Todas.
e. Nenhuma.

4) Indique se as proposições a seguir são verdadeiras (V) ou falsas (F):
( ) A capacidade de uma empilhadeira vencer rampas é um dado de catálogo, e podemos determinar a porcentagem de inclinação de uma rampa pela expressão: (altura da rampa / comprimento da rampa) x 100.
( ) O raio de giro externo não é um elemento importante na escolha de uma empilhadeira, já que elas são facilmente adaptáveis a diferentes larguras de corredor.
( ) A intensidade de fluxo não quantifica a movimentação de materiais numa unidade de tempo.
( ) O espaço necessário para a armazenagem do produto não depende do dimensionamento dos níveis de estoque.
( ) *Sprinklers* são pequenos chuveiros automáticos, geralmente instalados no teto e que reagem à elevação da temperatura a partir de um nível determinado, espalhando água sobre a área de estocagem e combatendo o incêndio até a chegada dos bombeiros.

A sequência correta é:
a. V, F, F, V.
b. V, V, F, F.
c. V, F, V, V.
d. V, F, F, F.

5) Identifique se as proposições a seguir são verdadeiras (V) ou falsas (F).

De acordo com Moura (1979), os mais importantes objetivos de um bom armazenamento, entre outros, são:

( ) controlar a quantidade estocada;
( ) conservar a qualidade dos materiais, mantendo inalteradas as suas características;
( ) permitir e manter clara a identificação dos materiais;
( ) não racionalizar a classificação dos materiais nem identificar aqueles sem movimentação;
( ) reduzir custos relativos à armazenagem dos itens.

A sequência correta é:

a. F, V, F, F, V.
b. F, F, V, V, V.
c. V, V, V, F, V.
d. F, V, F, V, V.

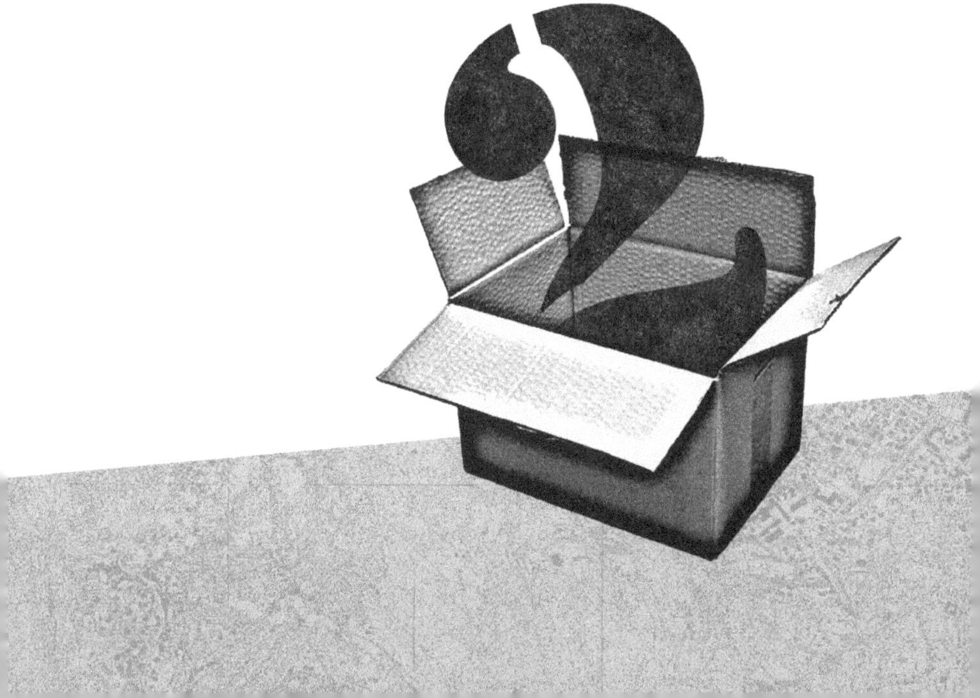

CON-
TROLE

Conteúdos do capítulo:

» Ciclo PDCA.
» *Softwares* que auxiliam no planejamento e gerenciamento de estoques e de necessidade de compra de materiais.
» Controles qualitativo e quantitativo de materiais.
» Principais indicadores de desempenho da armazenagem e da gestão de estoques.
» Gerenciamento de estoques.
» Custo de armazenagem e suas valorizações.

Após o estudo deste capítulo, você será capaz de:

» compreender como funciona o processo de recebimento, endereçamento, estocagem e controle de materiais;
» desenvolver maneiras de identificar – de modo simplificado – a disposição dos materiais em um armazém;
» compreender a linguagem dos códigos de barras;
» prever com mais tranquilidade a demanda de materiais, a fim de não prejudicar os setores internos, os fornecedores e os clientes;
» compreender que existem mais vantagens do que desvantagens na implementação de sistemas de gerenciamento e planejamento das necessidades de materiais.

» Fundamentos básicos

Neste capítulo, focalizamos o planejamento e o controle como uma abordagem conciliadora entre suprimento e demanda. As organizações devem atender à demanda de seus consumidores com o suprimento adequado de seus produtos acabados. Internamente, os diversos setores terão demandas entre si e os almoxarifados devem supri-las de forma a manter o funcionamento contínuo das operações e apresentar soluções de custo mínimo.

Planejamento e controle são funções cuja principal preocupação é a gestão das operações de forma a garantir, continuamente, o atendimento à demanda e a satisfação das necessidades do cliente. Por isso, todas as operações produtivas exigem planejamento e controle. Aquelas que são muito imprevisíveis mostram-se mais difíceis de planejar. Outras podem ser mais complexas de controlar, como aquelas em que o grau de contato com o consumidor é alto e, portanto, ficam sujeitas ao imediatismo e às flutuações de comportamento do cliente.

Planejamento é a formalização das expectativas futuras, daquilo que se quer que aconteça num determinado momento. Durante a execução dos planos, ocorrem desvios, como clientes que mudam de ideia sobre tipos e quantidades de produtos e prazos anteriormente acertados; fornecedores que atrasam suas entregas; equipamentos e máquinas que se quebram.

O controle é a forma de administrar essas variações, ajustando processos e corrigindo rotas. São esses ajustes que fornecem os subsídios para que as operações alcancem as metas traçadas no planejamento. Por meio da comparação entre os resultados fornecidos pelos controles e as expectativas de desempenho, podemos decidir pela intervenção na operação ou, até mesmo, pela reavaliação do planejamento.

William Deming (1990), célebre especialista norte-americano em qualidade e gestão industrial, popularizou uma ferramenta administrativa criada por Schewart com o nome de *ciclo PDCA*. A sigla reúne as iniciais das palavras, em inglês, *plan* (planejar), *do* (fazer), *check* (controlar) e *act* (agir). Sua aplicação contínua ao longo do tempo produz significativos incrementos na qualidade de qualquer ambiente operacional, levando ao processo de melhoria contínua. Ressalte-se que, além da constância na aplicação, é necessário coerência nas decisões e espírito de trabalho em equipe, evitando-se a dispersão de esforços bem-intencionados, porém mal orientados, que acabam por enfraquecer a estrutura e desacreditar as ideias.

A figura a seguir ilustra, de forma resumida, a filosofia proposta pelo ciclo PDCA. Sua concepção abrange o conceito de planejamento e controle.

» Figura 2.1 – Ciclo PDCA

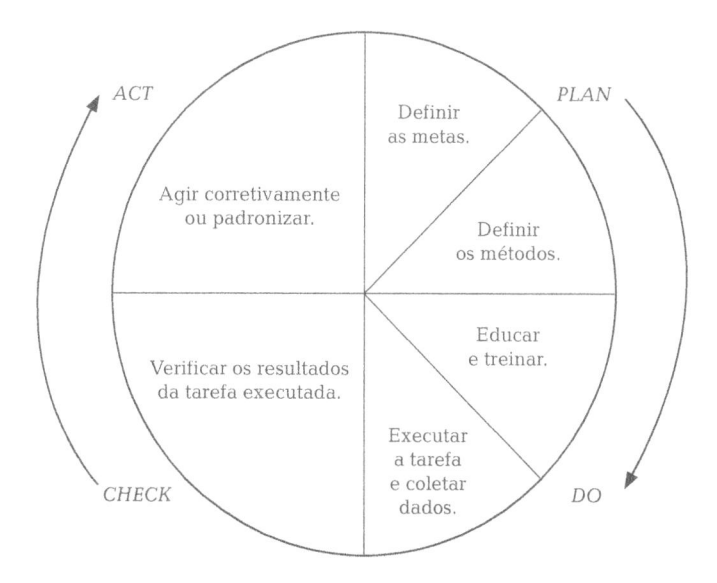

Fonte: Adaptado de Deming, 1990.

Desse modo, o dimensionamento e o controle de estoques serão tratados como funções complementares, que, quando bem desempenhadas, melhoram a qualidade do processo.

» Para saber mais

SEBRAE – Serviço Brasileiro de Apoio às Micro e Pequenas Empresas. **Programa MLT**: formação de multiplicadores para atuação no local de trabalho. Disponível em: <http://www.biblioteca.sebrae.com.br/bds/BDS.nsf/49B285DDC24D11EF83257625007892D4/$File/NT00041F72.pdf>. Acesso em: 6 jul. 2012.

Conheça um pouco mais sobre o ciclo PDCA visitando o *site* da Biblioteca Sebrae e fazendo a leitura do artigo indicado. Nesse site você encontrará o significado dos termos que compõem a sigla PDCA e o que dever ser evitado ao implementar esse ciclo em um estabelecimento.

» Controles de almoxarifado

Os controles devem fornecer, em tempo real, informações quantitativas sobre os materiais disponíveis para uso, aqueles em processo de recebimento e as devoluções ao fornecedor.

O almoxarifado deve dispor de um sistema de localização de materiais que permita a imediata identificação de qualquer item sob sua responsabilidade e também de um sistema de codificação de tais materiais, possibilitando um controle eficiente dos estoques e dos procedimentos de armazenagem. No sistema logístico, o almoxarifado está relacionado com o estoque e a movimentação interna de materiais.

Atualmente, as organizações buscam reduzir e até mesmo eliminar etapas de estocagem em seus sistemas logísticos. É o caso, por exemplo, das operações de *cross docking*, nas quais os produtos são transferidos do modal transportador em que chegam diretamente para o modal transportador em que saem, eliminando uma etapa de estocagem. Mas os armazéns, ou almoxarifados, continuam existindo. É como se desafiassem o crescente avanço da logística e da engenharia de produção. Esforços como o sistema ECR (do inglês *efficient consumer response*), que, em português, quer dizer resposta eficiente ao consumidor, visam ferir o coração do conceito de armazenagem. No ECR, parceiros de negócios trabalham conjuntamente para eliminar ineficiências na cadeia de suprimentos.

Estoques significam movimentação de materiais. Retomamos, aqui, a conceituação de *Just in Time* (JIT). Esse é um sistema da administração da produção que determina que nada deve ser produzido, transformado ou comprado antes da hora em que será necessário. Sistemas produtivos orientados pela filosofia JIT preconizam que os estoques necessários devem ficar próximos do posto de trabalho consumidor, reduzindo-se, assim, as movimentações ao mínimo indispensável. Apesar dos esforços no sentido de eliminar os estoques, ainda temos de lidar com eles, da maneira mais produtiva possível.

A reação dos sistemas de armazenagem veio com a utilização da moderna tecnologia da informação. Inicialmente, na década de 1970, as limitações existentes permitiam aos sistemas apenas a capacidade de controlar as entradas e saídas de estoque, bem como suas respectivas movimentações. Esses *softwares*, que simplesmente substituíam as fichas de *kardex*, evoluíram para os sistemas de endereçamento, que permitiam maior flexibilidade à estocagem e culminaram com os atuais sistemas WMS, sigla para a expressão em inglês *Warehouse Management System*, a qual, traduzida livremente para o português, equivale a sistema de gerenciamento de armazéns.

O sistema WMS tem como principais objetivos:

» aumentar a precisão (acurácia) das informações de estoque;
» aumentar a velocidade e a qualidade das operações de um centro de distribuição;

» aumentar a produtividade do pessoal e dos equipamentos do armazém.

O sistema WMS reúne, em sua concepção, as principais funções necessárias ao controle de um almoxarifado, a saber:

- » rastreabilidade das operações;
- » inventários físicos rotativos e gerais;
- » planejamento e controle de capacidades;
- » definição de características de uso de cada local de armazenagem;
- » sistema de codificação e classificação dos itens;
- » controle de lotes, datas de liberação de quarentena e situações de controle de qualidade;
- » separação de pedidos;
- » interface entre clientes e fornecedores;
- » cálculo de embalagens de despacho e listas de conteúdo;
- » controle de rotas e carregamento de veículos.

Em virtude de sua complexidade e interação com as várias áreas da empresa, nem toda organização pode ou deseja ter um WMS. Entretanto, as diversas funções abrigadas em sua concepção são necessárias ao controle e ao bom funcionamento das operações de almoxarifados. Assim, vejamos como transcorrem tais operações, independentemente da existência de um WMS.

» Operações de recebimento

No sistema JIT, a qualidade assegurada preconiza que os materiais vindos do fornecedor sigam diretamente para os postos de trabalho do cliente. No entanto, áreas de recebimento ainda são convenientes em muitos casos. Trata-se de um local no qual os materiais são recebidos, inspecionados e classificados com tarjas coloridas identificadoras, com a seguinte orientação geral: verde (aprovados); amarelo (em processo de aprovação); vermelho (reprovados).

O fluxograma a seguir mostra, genericamente, o processo de recebimento.

» Figura 2.2 – Processo de recebimento

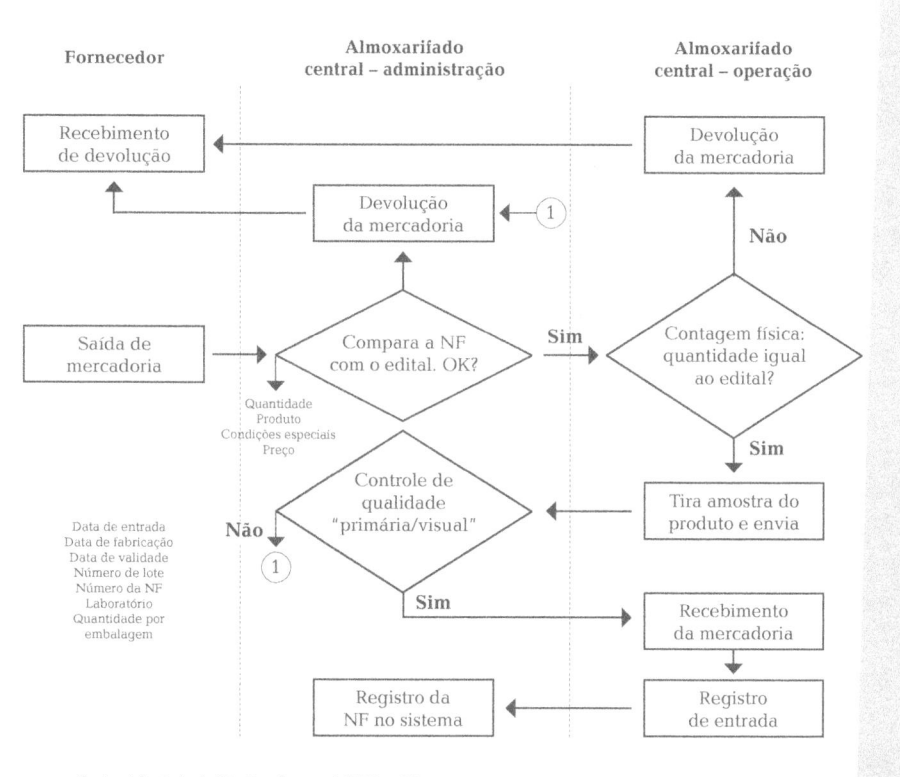

Fornecedor | **Almoxarifado central – administração** | **Almoxarifado central – operação**

- Recebimento de devolução
- Devolução da mercadoria
- Devolução da mercadoria (1)
- Não
- Saída de mercadoria
- Compara a NF com o edital. OK? → Sim → Contagem física: quantidade igual ao edital?
- Quantidade / Produto / Condições especiais / Preço
- Não
- Controle de qualidade "primária/visual"
- Sim
- Tira amostra do produto e envia
- Data de entrada / Data de fabricação / Data de validade / Número de lote / Número da NF / Laboratório / Quantidade por embalagem
- (1)
- Sim → Recebimento da mercadoria
- Registro da NF no sistema ← Registro de entrada

Fonte: Adaptado de Martins; Laugeni, 1998, p. 78.

Como atividade intermediária entre o processo de compra e a liberação do pagamento ao fornecedor, cabe ao recebimento:

» coordenar as operações de recebimento e a devolução de materiais;

» observar a documentação recebida, verificando se a compra está autorizada;

- » checar se as quantidades declaradas na nota fiscal (NF) e no manifesto de transporte estão de acordo com aquelas efetivamente recebidas;
- » efetuar a conferência visual, verificando possíveis avarias na embalagem ou na carga transportada e apontando-as, se for o caso, nos respectivos documentos;
- » efetuar a conferência quantitativa e qualitativa dos materiais recebidos;
- » decidir pela recusa, pelo aceite ou pela devolução, conforme o caso;
- » providenciar a regularização da recusa, da devolução ou da liberação de pagamento ao fornecedor;
- » liberar o material desembaraçado para estoque no almoxarifado.

Com base no fluxograma proposto, podemos dividir a operação de recebimento de materiais em quatro etapas, as quais seguem descritas.

››› Entrada de materiais

É o disparo do processo de recebimento, que começa pela chegada do transportador à portaria da empresa. Os procedimentos básicos adotados são:

- » receber o veículo transportador;
- » checar a documentação;
- » checar o material descrito na NF contra a existência de autorização de compra;
- » verificar o atendimento ao prazo de entrega contratual;
- » verificar se o número do pedido de compra consta da NF de entrega;
- » cadastrar no sistema as informações sobre a compra autorizada, iniciando o processo de recebimento;
- » encaminhar o veículo transportador para a área de descarga.

As compras não autorizadas ou em desacordo com a programação de entrega devem ser recusadas, transcrevendo-se os motivos no verso da primeira via da NF. Vencida essa etapa, os materiais devem ser encaminhados ao almoxarifado, departamento no qual a recepção é voltada para a conferência de volumes, confrontando-se a NF com os respectivos registros e controles de compra.

Embora varie de empresa para empresa, de forma geral o cadastramento dos dados necessários ao recebimento de materiais envolve a atualização dos seguintes sistemas:

» Sistema de gestão de materiais: Para administração e controle dos itens.
» Sistema de contas a pagar: Para a verificação de pendências e liberação de pagamentos aos fornecedores.
» Sistema de compras: Para atualização e encerramento dos processos de compras.

Quando necessário, a descarga do veículo transportador deve ser feita com o auxílio de equipamentos especiais, como paleteiras, talhas, empilhadeiras e pontes rolantes.

»» Controle quantitativo

É a etapa em que se verifica a exatidão da quantidade declarada pelo fornecedor na NF em relação à quantidade recebida. Conforme as características dos materiais recebidos, eles podem ser contados utilizando-se os seguintes métodos:

» Manual: Quando se trata de pequenas quantidades.
» Por meio de cálculos: Para o caso de embalagens padronizadas com grandes quantidades.
» Por meio de balanças contadoras pesadoras: Quando se trata de grande quantidade de pequenas peças, como pinos, parafusos, porcas e arruelas.

» Pesagem: Para materiais de maior peso ou volume, a pesagem pode ser feita por meio de balanças rodoviárias ou ferroviárias.
» Medição: Utilizando-se o equipamento de medição mais adequado a cada caso (em geral, as medições são feitas com uso de trenas).

O item a seguir traz outro importante controle para as empresas: o qualitativo.

››› Controle qualitativo

Com a evolução das tecnologias de processos e das metodologias de gestão da qualidade, é cada vez maior a tendência de fornecimento com qualidade assegurada, dispensando-se os procedimentos de inspeção qualitativa. O material é colocado em uso diretamente nas linhas de fabricação do cliente. Nesse processo, o fornecedor responsabiliza-se por eventuais falhas de qualidade apresentadas. Entretanto, há casos em que uma análise qualitativa se mostra indispensável; é o momento de se confrontar o material recebido e o solicitado no que se refere a características dimensionais, composição química, normas, especificações técnicas, entre outros aspectos.

Dependendo da aplicação e das características de cada material, alguns métodos de inspeção podem ser selecionados, tais como:

» Acompanhamento no fornecedor, durante a fabricação: Em alguns casos, é conveniente acompanhar *in loco* todas as fases de produção. Por questão de segurança operacional, tal procedimento costuma ser utilizado em casos extremos, que envolvem riscos à vida.
» Inspeção do produto acabado no fornecedor: Por conveniência do cliente comprador, a inspeção do produto acabado é feita no fornecedor.
» Inspeção por ocasião do fornecimento: A inspeção é feita nos respectivos recebimentos.

De modo geral, são utilizados os seguintes documentos no processo de inspeção: planos de controle, determinando quais dimensões e características devem ser controladas pelo inspetor; desenhos, catálogos e normas técnicas; gabaritos e padrões de inspeção e corpos de prova, que devem ser retirados do material fornecido.

››› Regularização da documentação

Encerra o processo de recebimento, juntando-se toda a documentação gerada nas etapas anteriores. O processo de regularização pode resultar em: liberação – total ou parcial – de pagamento ao fornecedor; devolução de material ao fornecedor; reclamação de falta de material ao fornecedor; e entrada do material no estoque.

» Endereçamento e localização de materiais

Para que se possa recuperar rapidamente um item estocado, é preciso um sistema que estabeleça a exata localização de seu ponto de armazenagem. Geralmente, são empregados dois sistemas básicos:

- » Sistema de estocagem fixa: É fixado um número de locais para cada tipo de material e determinado que apenas materiais definidos podem ser estocados neles. Frequentemente, isso resulta em desperdício de área de armazenagem, principalmente em razão das flutuações de quantidade de um material em relação a outro. Um material eventualmente em excesso terá de ficar exposto, enquanto locais vazios aguardam por itens ocasionalmente em atraso ou em processo de devolução.
- » Sistema de estocagem livre: Não existem locais predeterminados para estocagem, com exceção de casos especiais (materiais que devem ser mantidos sob refrigeração, por exemplo). Os materiais ocupam qualquer espaço vazio disponível no almoxarifado. Isso

implica exigência de um perfeito controle de endereçamento, sob pena de se perderem materiais, que só serão achados por acaso ou nos inventários. Esse controle pode ser feito por meio de duas fichas, sendo uma ficha mestre de controle do saldo de cada material e outra para o controle do saldo por endereço de estocagem.

» Códigos de endereçamento: Normalmente, o código de endereçamento é composto de caracteres numéricos ou alfanuméricos especificados até a menor unidade de estocagem, conhecida como SKU. A sigla SKU é o acrônimo de *Stock Keeping Unit* e pronuncia-se "skew" ou "SKU". Em português, é conhecida como UMA, ou seja, unidade mantida em armazém, e designa o identificador utilizado pelos operadores de armazém para o seguimento sistemático dos itens estocados. Um exemplo de código de endereçamento pode ter a formatação a seguir.

» Figura 2.3 – Código de endereçamento

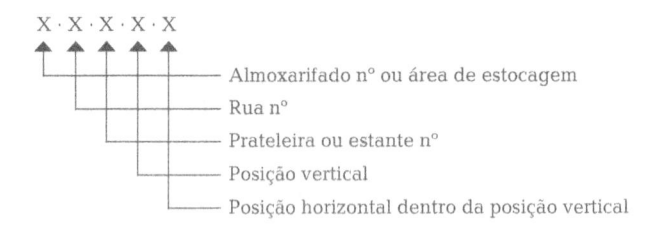

X · X · X · X · X

- Almoxarifado nº ou área de estocagem
- Rua nº
- Prateleira ou estante nº
- Posição vertical
- Posição horizontal dentro da posição vertical

Exemplo: código de endereçamento: 3 . 2 . 1 . 3 . 2 ----- material estocado na área 3 do almoxarifado, na rua nº 2, na prateleira nº 1, 3º local vertical e 2º *box* horizontal.

» Codificação de materiais

Uma operação eficiente de almoxarifado, com estoques bem controlados e procedimentos de armazenagem devidamente definidos, passa, necessariamente, por um bem elaborado sistema de classificação e codificação de materiais. Classificar um material consiste em agrupá-lo segundo sua forma, sua dimensão, seu peso, seu tipo e seu uso. Portanto, classificar um material significa ordená-lo segundo critérios adotados.

Codificar um material significa representar todas as informações necessárias, suficientes e desejadas por meio de números e/ou letras, com base na classificação obtida do material. Frequentemente, utilizam-se codificações que classifiquem os materiais em grupos ou famílias, subgrupos, classes, números sequenciais e dígitos de controle.

Entre os sistemas de codificação mais utilizados, destacam-se o sistema alfabético, o sistema alfanumérico e o sistema numérico, conhecido também como *sistema decimal*. Pelas suas limitações, o sistema alfabético foi abandonado na maioria das organizações, pois é de difícil memorização e limitado na quantidade de itens que pode abrigar.

O sistema alfanumérico permite, pela combinação de letras e números, uma abrangência maior de itens de estoque. É dividido em números e classes e costuma apresentar-se conforme o exemplo a seguir.

» Figura 2.4 – **Sistema alfanumérico**

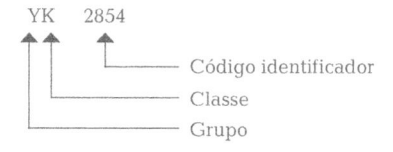

```
YK    2854
 ▲  ▲    ▲
 │  │    └──── Código identificador
 │  └───────── Classe
 └──────────── Grupo
```

O sistema numérico ou decimal, pela simplicidade e capacidade enorme de conter itens de estoque e informações, é o mais empregado pelas empresas, desbancando os dois anteriormente citados. Tomemos como exemplo uma empresa que utilize a seguinte classificação geral para os diferentes tipos de materiais de seus estoques:

01 – Matéria-prima
02 – Óleos, combustíveis e lubrificantes
03 – Produtos em processo
04 – Produtos acabados
05 – Material de escritório
06 – Material de limpeza

Como se trata de uma classificação geral, com títulos abrangentes com base nas características predominantes dos materiais, precisamos de uma subdivisão que individualize tais materiais em suas categorias. Como exemplo, vejamos a categoria 06, "Material de limpeza", e imaginemos para ela a subdivisão a seguir:

01 – Detergentes
02 – Desinfetantes
03 – Sabonete líquido
04 – Sabonete sólido
05 – Sabão em pó
06 – Sabão em barras

Como podemos observar, existem diversos tipos de materiais de limpeza, o que justifica a classificação sugerida, conhecida como classificação individualizadora. Falta ainda uma especificação que defina os diversos tipos de materiais possíveis em cada uma das categorias, razão pela qual a classificação individualizadora deve ser novamente subdividida e codificada. Tomemos o item 02, "Desinfetantes", e vamos atribuir a ele a seguinte codificação:

01 – Fabricante beta, concentrado, aroma pinho, 5 litros
02 – Fabricante gama, concentrado, aroma eucalipto, 5 litros
03 – Fabricante ômega, diluído, aroma silvestre, 10 litros

A subdivisão exemplificada é chamada de codificação definidora. Quando nos referirmos a qualquer tipo de material existente no estoque, é suficiente informarmos os números das três classificações, na seguinte ordem:

» número da classificação geral;
» número da classificação individualizadora;
» número da codificação definidora.

Utilizando o exemplo proposto, para requisitar "5 litros de desinfetante marca gama, concentrado, aroma eucalipto", é suficiente indicar na requisição os números: 06 – 02 – 02 (Dias, 1997). Em razão de sua grande amplitude e capacidade praticamente inesgotável de variações, o sistema decimal pode ser subdividido em tantas classes quantas exijam as necessidades de cada organização.

››› Código de barras

A tecnologia do código de barras e dos bancos de dados relacionais utiliza apenas um número sequencial e um dígito de autocontrole para cadastrar um material em um sistema de controle. No ato do cadastramento, identificam-se numericamente também o grupo e o subgrupo dos materiais para análises e informações necessárias. Desse modo, o código do material passa a ser apenas o número sequencial.

O código de barras para identificação é formado por um conjunto de linhas e de espaços com larguras diferentes. Oficialmente, são reconhecidos os seguintes padrões: UPC (*Universal Product Code*), utilizado nos Estados Unidos da América e no Canadá, e o sistema EAN (*European Article Numbering*). No território brasileiro, o sistema EAN Brasil administra o nosso Código Nacional de Produtos (Código de Barras EAN) e representa o país, vinculando-se ao sistema EAN internacional (Martins; Laugeni, 1998).

Adotado inicialmente pelo setor varejista, o sistema EAN expandiu-se rapidamente para todos os setores industriais e comerciais. Além de identificar bens de consumo, ele passou a identificar, entre outros, produtos têxteis, autopeças, itens voltados às áreas de saúde e serviços.

A leitura das informações contidas num código de barras é feita por meio de um equipamento conhecido como *scanner*, o qual, ao projetar um feixe luminoso sobre o código de barras, coleta as informações nele contidas e as transmite ao sistema computadorizado de administração de materiais.

O sistema EAN é composto de:

» um sistema para numerar itens (produtos de consumo e serviços, unidades de transporte, localizações etc.), permitindo que sejam identificados;
» um sistema para representar informações suplementares (número de *batch*, data, medidas etc.);
» códigos de barras padronizados para representar qualquer tipo de informação que possa ser lida facilmente por computadores (escaneada);
» um conjunto de mensagens EANCOM para transações pelo Intercâmbio Eletrônico de Informações (EDI).

O sistema EAN disponibiliza atualmente diversos tipos de códigos de barras, entre eles o EAN-8, o EAN-13, o EAN/UCC-14 e o EAN-128, os quais serão detalhados nos itens que seguem.

»» EAN-8

É utilizado quando a embalagem dispõe de pouca área e é fornecido pela EAN por meio de pagamento de uma taxa. Traz como estrutura de codificação:

  3 dígitos (fornecidos pela EAN) – País
  4 dígitos (fornecidos pela EAN Brasil) – Produto
  1 dígito (obtido pelo cálculo algoritmo) – Dígito de controle

»» EAN-13

A principal diferença em relação ao modelo anterior está na numeração, que vem acrescida da identificação da empresa. Traz como estrutura de codificação:
   3 dígitos (fornecidos pela EAN) – País
   5, 4 ou 3 dígitos (fornecidos pela EAN Brasil) – Empresa
   4, 5 ou 6 dígitos (fornecidos pela EAN Brasil) – Produto
   1 dígito (obtido pelo cálculo algoritmo) – Dígito de controle

No código de barras do sistema EAN 13 dígitos, ou EAN 13, cada número é representado por duas barras e dois espaços, formando quatro elementos para cada número. A etiqueta, com dimensões padronizadas, mede 37,29 mm de comprimento, 25,87 mm nas barras maiores e 22,87 mm nas barras menores.

»» EAN-14

Em relação ao modelo anterior, apresenta um dígito a mais, que identifica a quantidade de produto ou a quantidade de embalagens de vendas. Ele é utilizado para identificar caixas de papelão, fardos e unidades de despacho em geral.

»» EAN-128

Esse código permite a identificação do número do lote, da série, da data de fabricação, da validade, textos livres, entre outros dados.

» Para saber mais

GS1 BRASIL – Associação Brasileira de Automação. Disponível em: <http://www.gs1br.org>. Acesso em: 6 jul. 2012.
Conheça um pouco mais sobre código de barras acessando o *site* da GS1 Brasil, a associação brasileira que é a única responsável pelo desenvolvimento e pela aplicação de padrões globais de identificação.

» Indicadores de desempenho em armazenagem

Como saber se estamos trilhando o caminho da excelência nas operações de armazenagem? Quais indicadores poderiam nos orientar para sabermos se estamos explorando bem os recursos disponíveis para tais atividades? Alguns desses indicadores, apresentados a seguir, ajudam-nos a dirigir nossos esforços para resultados sempre melhores nas ações de estocagem de materiais.

»» Inventários

A precisão dos inventários (acurácia) sem dúvida é um dos principais indicadores de um bom desempenho nos almoxarifados. A meta principal do inventário é garantir que as quantidades físicas de materiais existentes no estoque sejam coerentes com os registros contábeis que nele constam.

Uma empresa que se pretenda moderna e organizada deve ter políticas e procedimentos muito bem estabelecidos para estruturar sua administração de materiais. Toda a movimentação de material deve ser adequadamente documentada, de forma a garantir máxima precisão nos registros de estoque.

Modernos sistemas informatizados de administração da manufatura, como os sistemas MRP (sigla do inglês *Materials Requirements Planning*), MRP II (sigla do inglês *Manufacturing Resources Planning*) e ERP (*Enterprise Resource Planning*), só funcionarão a contento se as informações de estoque forem consistentes com as quantidades físicas realmente existentes nos almoxarifados. Além disso, essa precisão é importante para a área contábil e fiscal das organizações. Os inventários podem ser de dois tipos, explanados a seguir.

Inventário geral anual

É feito no fim do exercício fiscal, época do balanço contábil/fiscal, e contempla todos os itens de estoque. Costuma ser longo e trabalhoso e, pela quantidade de itens envolvidos, nem sempre permite aprofundamento na análise das causas de eventuais divergências.

Inventário rotativo

Realizado várias vezes ao longo do ano, costuma concentrar-se numa quantidade progressivamente menor de itens, diminuindo a duração da operação e permitindo mais aprofundamento na análise de divergências. Possibilita que eventuais faltas ou excessos de material sejam verificados de imediato e prontamente corrigidos. Por meio de contagens programadas, conhecidas como *contagens cíclicas*, contempla todos os itens das diferentes categorias de materiais. Seus objetivos principais são:

» agrupar os itens conforme a classificação ABC. Nessa classificação, os itens de classe A são os que representam maior valor em estoque, são estratégicos e imprescindíveis para a produção. Os de classe B são de importância intermediária quanto ao valor de estoque ou a aspectos estratégicos. A classe C é composta pelos demais itens, de muita quantidade, porém de pequeno valor financeiro;
» estabelecer critérios para a frequência e o percentual de itens a inventariar, de acordo com sua classificação no critério descrito no parágrafo anterior;

» promover os ajustes necessários, trabalhando em equipe com a área contábil/fiscal da empresa;
» calcular a acurácia dos estoques.

Um dos critérios mais utilizados, na prática, para inventários rotativos costuma ser:

» inventariar 100% dos itens de classe A quatro vezes ao ano (de três em três meses, conferindo aproximadamente 1/3 ao mês);
» inventariar 50% dos itens de classe B a cada três meses (+/- 16% ao mês);
» inventariar 5% dos itens de classe C a cada três meses (+/- 2% ao mês).

O cálculo da acurácia (precisão) dos estoques é feito da seguinte maneira:

$$\text{Acurácia} = \frac{\text{número de itens corretos}}{\text{número total de itens}}$$

Para calculá-la financeiramente, a fórmula é esta:

$$\text{Acurácia} = \frac{\text{valor dos itens corretos}}{\text{valor total dos itens}}$$

Exemplo:

Calcular a acurácia de um inventário no qual foram encontrados os seguintes índices de exatidão para cada classe e cujo resumo se apresenta na tabela a seguir.

Classe A: 94% de exatidão
Classe B: 86% de exatidão
Classe C: 75% de exatidão

Classe	Valor do estoque	% de Classe
A	R$ 284.000,00	70,65%
B	R$ 85.000,00	21,14%
C	R$ 33.000,00	8,21%
Total	R$ 402.000,00	100%

Solução:
A acurácia de cada classe, individualmente, apresenta-se assim:

A= 94%; B= 86%; e C= 75%

Cada classe também apresenta um peso diferente na formação do valor dos estoques, conforme mostra a tabela. Desse modo, para termos a acurácia total do inventário, devemos tomar os valores percentuais que compõem o estoque e ponderá-los em função do peso de cada classe. Assim, temos:

Acurácia total = 70,65% · 94% + 21,14% · 86% + 8,21% · 75% = 90,75%

A contagem cíclica tem como objetivo diminuir a imprecisão dos registros de estoque para níveis mínimos. Para termos uma ideia de sua importância, consideremos que o funcionamento ideal de um sistema MRP requer precisão de +/- 0,5% nos registros de estoque.

No processo de contagem cíclica, funcionários treinados realizam a contagem física de determinados itens em todos os dias úteis, verificando e corrigindo continuamente os registros de estoque. Para o dimensionamento do pessoal necessário a essa tarefa, tomemos o exemplo[1] a seguir.

Uma empresa quer melhorar a precisão de seus registros de estoque usados em seu sistema MRP. Um consultor recomendou que todos os materiais classe A fossem contados uma média de 24 vezes por ano, os de classe B, 6 vezes por ano, e os de classe C, 2 vezes por ano. O consultor estima que um contador experiente e bem treinado pode contar uma média de 20 materiais a cada dia. A empresa trabalha 260 dias por ano e determinou que possui 1.000 materiais A, 3.000 materiais B e 6.000 materiais C. Quantos trabalhadores serão necessários para realizar a contagem cíclica (ou permanente)?

[1] Esse exemplo tem como base Gaither e Frazier (2002).

Solução:

Classe de materiais	Número de materiais por classe	Número de contagens de materiais por ano	Contagens totais por ano
A	1.000	24	24.000
B	3.000	6	6.000
C	6.000	2	2.000

$$\text{N}^\circ \text{ de materiais contados por dia} = \frac{\text{contagens totais por ano}}{\text{n}^\circ \text{ de dias de trabalho por ano}}$$

$$\frac{54.000}{260} = 207,7$$

$$\text{N}^\circ \text{ necessário de contadores} = \frac{\text{n}^\circ \text{ de materiais contados por dia}}{\text{n}^\circ \text{ de materiais por dia por contador}}$$

$$\frac{207,7}{20} = 10,4 \text{ ou } 11 \text{ contadores}$$

››› Produtividade

Na armazenagem, a produtividade pode ser avaliada, entre outros, por meio de três indicadores:

» quantidade (ou valor) de itens estocados/área ocupada;
» quantidade (ou valor) de itens estocados/número de pessoas;
» quantidade (ou valor) de itens estocados/número de equipamentos.

Exemplo:

Os dados coletados em um determinado almoxarifado, no último mês, foram os seguintes:
Quantidade de itens em estoque: 6.438
Número de pessoas exclusivas da área de materiais: 6
Número de empilhadeiras: 4
Valor do estoque: R$ 485.328,54
Área ocupada pelo estoque: 895 m^2

Devemos estabelecer os indicadores possíveis de produtividade.

Solução:

Quantidade de itens estocados/área ocupada: itens/m^2 = 6.438 / 895 = 7,19 itens/m^2.

Quantidade de itens estocados/número de pessoas: itens/n° de pessoas = 6.438 / 6 = 1.073 itens/pessoa.

Valor do estoque/área ocupada: R$/m^2 = R$ 485.328,54 / 895 = R$ 542,27/m^2.

Valor do estoque/número de pessoa: R$/pessoas = R$ 485.328,54 / 6 = 80.888,09/pessoa.

Quantidade de itens/número de equipamentos: itens/empilhadeira = 6438 / 4 = 1.609,5 itens/empilhadeira.

Valor do estoque/número de equipamentos: R$/empilhadeira = R$ 485.328,54 / 4 =

R$ 121.332,14/empilhadeira.

Devemos destacar que esse exemplo é meramente ilustrativo. Na prática, os indicadores devem ser escolhidos conforme as reais necessidades de cada caso.

» Para saber mais

MINAS GERAIS. Governo do Estado. Secretaria de Estado de Planejamento e Gestão. *Gestão de estoques*. Disponível em: <http://www.planejamento.mg.gov.br/governo/gestao_logistica/gestao_estoque.asp>. Acesso em: 12 jul. 2012.

Nesse *site*, você encontrará cartilhas, modelos de *check-list* e formulários que poderão auxiliar no entendimento e no desenvolvimento de inventários, presentes em uma gestão de estoques de qualidade.

❱❱❱ Grau de aproveitamento do armazém

O grau de aproveitamento do armazém é dado pela relação entre o volume líquido armazenado e o volume bruto do armazém. Suponhamos um armazém que tenha um comprimento A, uma largura B e uma altura H. Seu volume bruto disponível para armazenagem será: VBA = A x B x H.

A ocupação se dará com cargas dispostas num comprimento A, numa largura B e numa altura H. Seu volume líquido armazenado será: VLA = A x B x H. Desse modo, o grau de aproveitamento do armazém será dado por:

$$GAA = \frac{VLA}{VBA}$$

Em que:

GAA = grau de aproveitamento do armazém
VLA = volume líquido armazenado
VBA = volume bruto para armazenagem

Ainda que um armazém aparente estar totalmente ocupado por estantes e estruturas armadas, o volume líquido armazenado (conteúdo) pode ser apenas uma fração do volume bruto armazenado (continente).

Isso se dará sempre que:

» as estantes não estiverem totalmente preenchidas;
» as caixas não tiverem dimensões adequadas à altura das divisórias;
» as caixas forem grandes demais para o conteúdo que comportam.

Outros indicadores podem ser utilizados, de acordo com as necessidades e as particularidades de cada organização. Por exemplo, no recebimento, podemos medir o número de notas fiscais recebidas/número de pessoas ou, ainda, o tempo médio de recebimento por carga recebida.

---

2 A meta de várias empresas, hoje, é tornar-se de classe mundial. Ser uma empresa de classe mundial, em termos de qualidade, significa que cada um de seus produtos e serviços é considerado o melhor em sua categoria.

Alguns critérios utilizados pelas organizações de classe mundial[2] para enfrentar os cenários atuais de competitividade são mostrados na tabela a seguir.

» Tabela 2.1 – Desempenho da administração de materiais em fabricantes de classe mundial

Critérios de desempenho	Todas as empresas	Fabricantes de classe mundial
Número de fornecedores para cada agente de compras	34,0	5,0
Número de agentes de compra por R$ 100 milhões de compras	5,4	2,2
Custo da atividade de compra como porcentagem das compras	3,3%	0,8%
Tempo necessário para realizar uma avaliação de um fornecedor	3,0 semanas	0,4 semana
Tempo necessário para fazer um pedido aos fornecedores	6,0 semanas	2,4 minutos
Porcentagem de entregas atrasadas	33%	2%
Porcentagem de defeitos	1,5%	0,0001%
Número de casos de não atendimento de estoque (*stockouts*) de materiais por ano	400	4,0

Fonte: Business Week, 1992, citada por Gaither; Frazier, 2002, p. 447.

Podemos observar que a feroz competitividade que se instalou no mundo empresarial, como um dos efeitos da globalização, tem provocado o surgimento de novos e importantes critérios de controle e avaliação da área de materiais.

» Gestão de estoques

O planejamento, o dimensionamento e o controle dos estoques são funções indispensáveis para uma boa gestão das operações produtivas, em qualquer organização. Os estoques são necessários para absorver as variações quantitativas e as diferenças de ritmo existentes entre os vários estágios da produção. Como vimos no capítulo anterior, ele nos ajuda a lidar com a incerteza em ambientes complexos, mas sua manutenção acarreta custos financeiros importantes, além de ocupar espaços que poderiam ser utilizados de forma mais produtiva. Há ainda o risco da obsolescência, da deterioração e do extravio.

O objetivo da gestão de estoques é prover as necessidades do processo produtivo, imobilizando o mínimo possível de recursos financeiros. As filosofias e as técnicas japonesas de administração da produção nos mostram caminhos para essa conciliação, mas o equilíbrio é sempre delicado e nada fácil de alcançar.

Quando mantemos estoques determinados, alguns custos são reduzidos, como os custos de emissão do pedido, os custos da falta de estoques e os custos de aquisição. Por outro lado, alguns custos sobem com a elevação dos níveis de estoque, como os custos de manutenção do estoque, os custos de coordenação da produção e os custos de redução do retorno sobre o investimento.

››› Nível de serviço

O objetivo do nível de serviço é estabelecer um compromisso entre o atendimento das necessidades do cliente e a rapidez na entrega, definindo-se, percentualmente, um grau de atendimento – que é diretamente proporcional aos custos de manutenção do estoque. Pela curva de custos mostrada no gráfico a seguir, podemos ver que, quando o grau de atendimento se aproxima dos 100%, os custos sobem drasticamente e se tornam inviáveis para qualquer organização.

» Gráfico 2.1 – **Curva de custos**

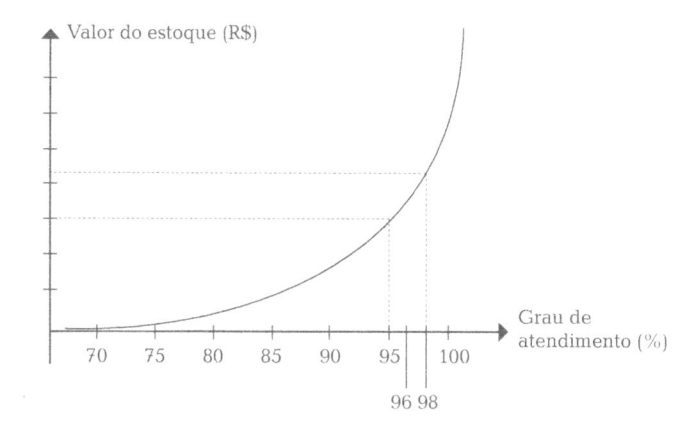

[Gráfico: Valor do estoque (R$) vs Grau de atendimento (%), com eixo x marcado em 70, 75, 80, 85, 90, 95, 96, 98, 100]

Um exemplo prático de aplicação da curva mostrada seria o seguinte: se o consumo ou a venda mensal for de 800 unidades e a empresa quiser praticar um grau de atendimento de 90%, esta deverá manter um estoque de 720 unidades, ou seja, 800 × 0,9.

Normalmente, as diretrizes adotadas para as políticas de estoque, na maioria das organizações, costumam observar:

» o nível de flutuação dos estoques em relação às variações das vendas;
» a definição da rotatividade dos estoques;
» os níveis de especulação que se pretende permitir com os estoques;
» as metas da empresa em relação à presteza do atendimento ao cliente;
» o número de almoxarifados e a definição dos materiais que eles abrigarão.

A definição do grau de atendimento deverá levar em consideração os objetivos estratégicos de cada organização, os quais indicarão a política de estoques a ser adotada.

››› Indicadores de desempenho da gestão de estoques

Alguns indicadores podem nos fornecer uma análise rápida e inicial da qualidade da gestão dos estoques numa organização. São coeficientes que resultam da relação entre o lucro das vendas e o capital investido em estoques e deste com o custo das vendas. Essas questões serão tratadas nos itens a seguir.

Coeficiente de retorno de capital

O retorno de capital relaciona o lucro anual obtido com as vendas com o capital investido em estoques. De modo geral, coeficientes entre 1,5 e 2,5 são considerados excelentes, e qualquer coeficiente acima de 1 já pode ser considerado bom. Evidentemente, quanto maior for o coeficiente de retorno de capital, melhor será o desempenho da gestão de estoques da organização. Assim, temos:

$$RC = \frac{LA}{CE}$$

Em que:
RC = retorno de capital;
LA = lucro das vendas anuais;
CE = capital investido em estoques.

Consideremos uma empresa que, no ano anterior, teve vendas de R$ 2.500.000,00, com um lucro de R$ 550.000,00. Seus estoques totais compuseram um investimento de R$ 320.000,00. O coeficiente de retorno de capital dessa empresa seria:

$$RC = \frac{LA}{CE} \rightarrow RC = \frac{\$\,550.000,00}{\$\,320.000,00} \quad RC = 1,72$$

Como podemos observar, esse índice traduz um bom coeficiente de retorno de capital.

Giro de estoque

É o coeficiente que relaciona o custo das vendas anuais com o capital investido em estoques. Conhecido também como *rotatividade de estoque*, esse índice pode ser igualmente obtido com base em quantidades físicas, relacionando-se a quantidade anual de vendas e a quantidade média anual em estoque. O custo anual das vendas é obtido tomando-se o valor anual das vendas e subtraindo-se dele a mão de obra e as despesas gerais que incidem sobre a mercadoria vendida. Podemos, então, expressar o giro de estoque de duas maneiras:

$$GE = \frac{CV}{CE}$$

Em que:

GE = giro de estoque;
CV = custo das vendas anuais;
CE = capital investido em estoques.

$$GE = \frac{QAV}{QME}$$

Em que:

GE = giro de estoque;
QAV = quantidade anual das vendas;
QME = quantidade média anual em estoque.

Caso uma empresa tenha incorrido, no ano anterior, em custos das vendas anuais de R$ 1.200.000,00 e seus estoques totais, no mesmo período, tenham sido de R$ 320.000,00, seu giro de estoque seria:

$$GE = \frac{CV}{CE} \rightarrow GE = \frac{\$\ 1.200.000,00}{\$\ 320.000,00} \quad GE = 3,75 \text{ vezes ao ano}$$

Se partíssemos das quantidades físicas, poderíamos supor, para um determinado produto, vendas anuais de 15.750 unidades e estoque médio de 3.250 unidades. Assim, o giro dos estoques corresponderia a:

$$GE = \frac{QAV}{QME} \rightarrow GE = \frac{15.750}{3.250} \quad GE = 4,85 \text{ vezes ao ano}$$

O giro de estoque é um índice internacionalmente utilizado para medir a eficiência operacional da gestão de estoques de uma organização. Quanto maior for o coeficiente obtido, melhor será a administração, acarretando reflexos positivos nos custos e na competitividade da empresa.

Por meio desse índice é possível estabelecer qual cobertura o estoque proporciona diante da demanda vigente. Isso equivale a determinar quantos dias, semanas, meses etc. de demanda esse estoque seria capaz de atender. Para isso, basta dividirmos o número de meses (12), semanas (52) ou dias do ano (365) pelo coeficiente encontrado para o giro de estoque. Partindo do exemplo anterior, temos:

» Cobertura em meses: 12 / 4,85 = 2,47 meses, ou 2 meses e 14 dias.
» Cobertura em semanas: 52 / 4,85 = 10,72 semanas, ou 10 semanas e 5 dias.
» Cobertura em dias: 365 / 4,85 = 75,26 dias, ou, arredondando, 75 dias.

Resumindo, o giro de estoque ou rotatividade de estoque significa a quantidade de vezes, num certo período (geralmente ano), que o estoque mantido pela empresa é vendido.

» Previsão da demanda

A gestão de estoques se apoia em dois importantes pontos: quanto pedir de cada material e quando pedir cada material. A base para a tomada de decisão sobre quantidades e prazos é a previsão de demanda, elaborada de acordo com as informações de vendas. A demanda pode ser de dois tipos:

- » Demanda independente: É estimada com base nas previsões ou nos pedidos reais dos clientes.
- » Demanda dependente: É calculada com base na "explosão"[3] dos componentes necessários à montagem dos produtos acabados e constantes da demanda independente.

A previsão de vendas orienta o planejamento da ocupação do parque de máquinas e dos recursos humanos da empresa. Fornece, também, os subsídios para a determinação dos prazos e das quantidades de materiais a repor.

É frequente, porém, a necessidade de informar a fornecedores e parceiros de negócios dados sobre uma demanda que ainda não está claramente estabelecida pelo pessoal de vendas. Nesses casos, os dados históricos de consumo oferecem bases para projetar o comportamento futuro. Esse comportamento, entretanto, será afetado por aspectos quantitativos e qualitativos, conforme afirma Dias (1997). Da mesma forma, Kotler e Armstrong (1991) comparam

---

[3] "A expressão logística 'explosão do produto' designa, na gestão dos recursos materiais, a análise de uma lista de materiais no total de cada um dos itens para a fabricação de determinado produto. Essa visão total do produto, buscando visualizar cada componente que o compõe, é conhecida na logística como visão explodida do material." (Portopédia, 2012, grifo nosso). Disponível em: <http://www.portogente.com.br/portopedia/Explosao_do_Produto>. Acesso em: 25 jan. 2013.

a condução de uma empresa apenas com base no passado a dirigir um automóvel olhando apenas para o espelho retrovisor.

Como exemplos de informações quantitativas, temos, entre outras, as inovações tecnológicas, as variações de comportamento do consumidor e as influências políticas e econômicas. Entre as informações qualitativas, podemos citar as opiniões de especialistas e as pesquisas de mercado.

Utilizando-se essas informações em conjunto com métodos estatísticos, aumenta-se a exatidão das previsões que orientam os fornecimentos, evitando-se possíveis descontinuidades no processo produtivo. Alguns modelos de evolução do consumo são apresentados a seguir.

››› Modelo de evolução constante de consumo

O nível de consumo mostra-se praticamente invariável ao longo do tempo, mantendo-se muito próximo de um valor médio, caracterizando uma evolução horizontal. O gráfico a seguir ilustra o modelo de evolução constante.

» Gráfico 2.2 – Modelo de evolução constante de consumo

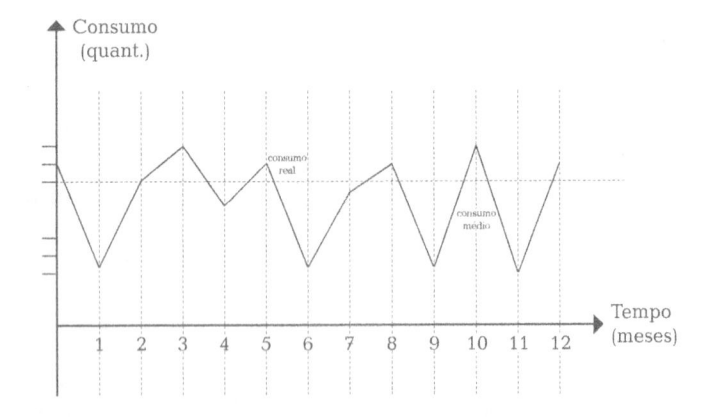

Nesse modelo, fatores de conjuntura econômica, política ou mercadológica exercem pouca ou nenhuma influência no perfil de consumo.

››› Modelo de evolução com tendência de consumo

A média de consumo, nesse modelo, aumenta significativamente ao longo do tempo, afetada por fatores tecnológicos, econômicos e conjunturais. O gráfico a seguir exemplifica uma evolução de tendência positiva.

» Gráfico 2.3 – Modelo de evolução com tendência de consumo

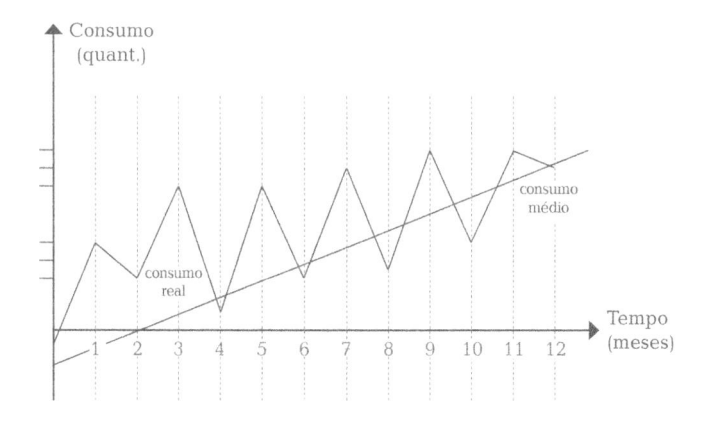

Nesse modelo, a evolução, positiva ou negativa, influi no volume de produção das empresas.

››› Modelo de evolução sazonal de consumo

Os níveis de consumo oscilam em períodos regulares, positivamente ou negativamente. Quando essas oscilações periódicas ultrapassam a média de consumo em pelo menos 25%, caracteriza-se a sazonalidade. São típicos desse comportamento produtos como ovos de Páscoa e enfeites natalinos. O gráfico a seguir reproduz o conceito descrito.

» Gráfico 2.4 – Modelo de evolução sazonal de consumo

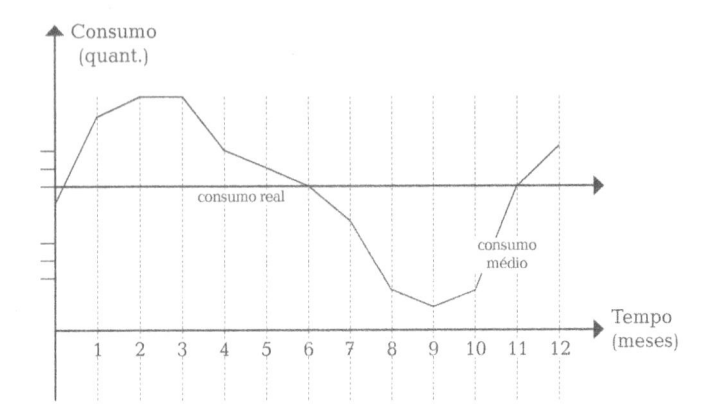

No dia a dia das organizações, a curva de consumo é influenciada por muitos fatores. Disso resulta que podem ocorrer combinações dos diversos modelos de evolução de consumo. Prazos de fornecimento longos nos permitem estabelecer a demanda futura após a colocação dos pedidos. É um método seguro, porém limitado apenas a esses casos. Nos demais, que constituem a maioria, recorre-se aos métodos estatísticos, nos quais conhecer a evolução do consumo no passado facilita a projeção da demanda. As técnicas quantitativas mais utilizadas são mostradas a seguir.

››› Método do último período

Consiste em utilizar o valor de consumo real, ocorrido no período anterior, como previsão para o próximo período. Não tem qualquer base matemática e não requer grande conhecimento técnico para sua aplicação. Sua fragilidade é evidente e as previsões de demanda resultantes de seu uso não resistem a quaisquer variações.

››› Método da média aritmética móvel

A previsão do período seguinte é o resultado da média do consumo dos períodos anteriores. Se a tendência de consumo for crescente, teremos uma previsão com valores acima daqueles já ocorridos. No caso de tendência decrescente de consumo, obteremos valores previstos menores que os ocorridos nos períodos anteriores.

O número n de períodos pode ser qualquer um, mas normalmente se estabelece entre 4 e 7. Dados mais antigos que os n períodos escolhidos não interferem na previsão. Por ser de aplicação bem simples, não requer processamento computadorizado dos dados. Entretanto, entre outros inconvenientes, exige uma base de dados muito grande. Vejamos o exemplo de uma empresa na qual um dos produtos teve o seguinte perfil de consumo:

Mês	Jan.	Fev.	Mar.	Abr.	Maio	Jun.	Jul.	Ago.	Set.	Out.	Nov.	Dez.
Consumo (t)	84	80	82	78	81	84	82	88	90	89	91	92

A previsão para janeiro do ano seguinte, com base em n = 7 períodos, seria:

$$DP_{pp}(mman) = \frac{C_1 + C_2 + C_3 + ... + C_n}{n}$$

Em que:

DP_{pp} (mmam) = demanda prevista próximo período;
C_1, C_2, C_3, C_n = consumo nos períodos anteriores;
n = número de períodos considerados.

No exemplo, temos:

$$DP_{jan}(mman) = \frac{84 + 82 + 88 + 90 + 89 + 91 + 92}{7} = \frac{616}{7} = 88 \text{ t}$$

Se mudarmos o número de períodos para n = 4, teremos:

$$DP_{jan}(mman) = \frac{90 + 89 + 91 + 92}{4} = \frac{362}{4} = 90,5 \text{ t}$$

Como os últimos quatro períodos mostram uma tendência de crescimento, o recomendável seria adotar a previsão com n = 4 períodos.

»» Método da média ponderada de consumo

Nesse método, a ponderação dada a cada período anterior é que irá determinar a previsão para o próximo. Essa ponderação deve ser feita de forma a atribuir maiores pesos aos períodos mais recentes. Os períodos mais distantes recebem pesos menores, e a soma dos pesos menores deve totalizar 100%.

Mês	Jan.	Fev.	Mar.	Abr.	Maio	Jun.	Jul.	Ago.	Set.	Out.	Nov.	Dez.
Consumo (t)	84	80	82	78	81	84	82	88	90	89	91	92
Ponderação (%)						5	5	7	8	15	20	40

Na atribuição dos pesos, o conhecimento de mercado e a sensibilidade do gestor são fundamentais. No entanto, na falta de melhor juízo, recomenda-se a atribuição de 5% para o último período da série considerada e de 40% a 60% para o período mais recente, distribuindo-se o restante pelos períodos intermediários. Os ajustes proporcionados pela ponderação tendem a eliminar algumas inconveniências dos métodos anteriores.

Aproveitando o exemplo anterior, vamos atribuir a ele as ponderações conforme o cálculo a seguir, em que a previsão pelo método da média ponderada será:

$$DP \text{ (mmp)} = \sum C_{i=1}^{n} \times P_i$$

Simplificando, temos:

DP (mmp) = $(C_1 \cdot P_1) + (C_2 \cdot P_2) + (C_3 \cdot P_3) + ... + (C_n \cdot P_n)$

Em que:

DP (mmp)= demanda prevista – método da média ponderada;
C_1 a C_n = consumo real nos períodos anteriores;
P_1 a P_n = ponderação atribuída a cada período, conforme a sensibilidade do gestor.

No exemplo, temos:

DP_{jan} · (mmp) = (84 · 0,05) + (82 · 0,05) + (88 · 0,07) + (90 · 0,08) + (89 · 0,15) + (91 · 0,2) + (92 · 0,4) =
DP_{jan} · (mmp) = 90,01 t

Como no exemplo anterior, também podemos mover o período n, considerando, por exemplo, os quatro últimos meses. A ponderação de cada mês também deverá ser ajustada e obedecerá, mais uma vez, à sensibilidade e aos conhecimentos mercadológicos do gestor. As novas ponderações seriam, por exemplo, 50% para dezembro, 30% para novembro, 15% para outubro e 5% para setembro. A nova previsão, para janeiro do ano seguinte, seria:

DP_{jan} · (mmp)= (90 · 0,5) + (89 · 0,15) + (91 · 0,3) + (92 · 0,5) = 91,15t
Uma variação, portanto, de 1,27% nos resultados.

››› Método da média com amaciamento exponencial

Nesse método, a previsão para o próximo período é feita utilizando-se o consumo real do último período, a previsão anteriormente feita para este e uma constante de amaciamento exponencial que determinará a ponderação dada aos dados mais recentes. Essa constante, cujo símbolo é a letra grega α, pode variar entre 0 e 1 ($0 \leq \alpha \leq 1$). Geralmente, a maioria das organizações adota um valor de α entre 0,1 e 0,3, de acordo com a influência do quadro geral do mercado na demanda.

Partindo do mesmo exemplo utilizado nos casos anteriores, em que o consumo real de dezembro foi de 92 t, e sabendo que fora feita para ele um previsão de 93 t, podemos determinar a previsão de janeiro do ano seguinte pelo método da média com amaciamento exponencial, com $\alpha = 0,2$, usando a seguinte expressão:

$$DP\ (mmae) = [(C_{r.a.} \cdot \alpha) + (1 - \alpha) \cdot P_a]$$

Em que:

DP (mmae) = demanda prevista – método da média com amaciamento exponencial;
$C_{r.a.}$ = consumo real no período anterior;
P_a = previsão do período anterior;
α = constante de amaciamento exponencial.

No exemplo, temos:

$DP_{jan} \cdot (mmae) = [(92 \cdot 0,2) + (1 - 0,2) \cdot 93)]$
$DP_{jan} \cdot (mmae) = [18,4 + 74,4] = 92,8$ t

O fator α, de fato, é o peso atribuído à última (e mais importante) informação para quem faz a previsão. A outra parte da expressão inclui a previsão para o período atual, a qual considera o consumo real do período anterior, e assim por diante. Assim, todos os dados produzem efeitos (mais reduzidos quanto mais antigos forem) sobre a próxima previsão.

››› Método dos mínimos quadrados

Esse método é o que mais favorece a precisão das previsões, já que é uma contínua aproximação dos valores reais de consumo. Para o cálculo da previsão da demanda, ele se baseia na conhecida equação da reta (Y = a + bx), o que possibilita um delineamento muito realista da tendência de consumo.

Para entendermos o método, devemos considerar que uma reta é definida pela equação Y = a + bx. Em uma série temporal, Y é o valor previsto em um determinado tempo x, que é medido em incrementos (mensais, por exemplo), a partir do período-base. Devemos calcular o valor de Y, dos coeficientes a e b, que determinam a inclinação da reta. Para o cálculo dos termos a e b, utilizamos duas equações, chamadas de *equações normais*. São elas:

$\Sigma Y = (n \cdot a) + (\Sigma x \cdot b)$ (1)
$\Sigma XY = (\Sigma x \cdot a) + (\Sigma x^2 \cdot b)$ (2)

Por analogia, a previsão pelo método dos mínimos quadrados será obtida pela expressão:

DP (mmq) = a + bx

Em que:

a = valor obtido pela tabulação dos dados existentes (equivale a um consumo médio ajustado no período);
b = valor obtido pela tabulação dos dados existentes (equivale ao incremento periódico a partir do período-base);
x = número de períodos considerados para o cálculo da previsão.

Aproveitando os cinco últimos consumos registrados na tabela utilizada nos exemplos anteriores, temos:

n. quant. de per.	Meses	Y	X	X^2	$X \cdot Y$
1	Ago.	88	0	0	0
2	Set.	90	1	1	90
3	Out.	89	2	4	178
4	Nov.	91	3	9	273
5	Dez.	92	4	16	368
5	Σ	**450**	**10**	**30**	**909**

Vamos aplicar os valores tabulados às equações normais já enunciadas.

$450 = 5a + 10b$ (1)
$909 = 10a + 30b$ (2)

São duas equações e duas incógnitas (a e b). Para resolvê-las simultaneamente, vamos igualar numericamente o coeficiente de **a** multiplicando por –2 toda a equação (1).
Assim, $450 = 5a + 10b \cdot (-2)$ fica $-900 = -10a - 20b$

Somando as equações (1) e (2), temos:

~~-900~~ $= -10a - 20b$
~~-909~~ $= -10a + 30b$

$9 = 10b \rightarrow b = 9/10 \rightarrow b = 0,9$
$450 = 5a + 10b \rightarrow 450 = 5a + 10(0,9) \rightarrow$
$450 = 5a + 9 \rightarrow a = 441/5 \rightarrow a = 88,2$

Sendo o valor de x = 5 períodos, aplicamos na equação DP (mmq) = a + bx e assim:

DP(mmq) = 88,2 + 0,9(5) = 92,7 t

» Questão para reflexão

Na maioria dos casos, principalmente nos de empresas de grande porte, a necessidade de transporte para atender às solicitações dos clientes é constante, visto que tais organizações encontram-se geralmente distantes dos polos de consumo, fixando-se em áreas afastadas dos centros urbanos. A empresa produz o material, mas nem sempre ele é solicitado de imediato, o que faz com que estoques sejam produzidos a fim de atender à demanda futura, sem ocasionar prejuízos ao cliente. Unida ao transporte está a redução dos estoques de materiais, duas atividades presentes no dia a dia do profissional de logística, o que dá espaço para uma nova atividade nesse setor: a previsão. De extrema importância, ela serve como auxílio na requisição de matéria-prima, no planejamento da capacidade de cada máquina e da mão de obra e, também, para estimar a capacidade e os volumes adequados dos estoques.

As previsões devem estar presentes no cotidiano das instituições, pois é por meio delas que gestores e colaboradores podem tomar decisões seguras referentes a eventos diários ou futuros. É a previsão que auxiliará na demanda futura por serviços e produtos da organização. Dessa forma, as previsões objetivam determinar onde, quanto e quando os serviços e produtos serão solicitados pelo cliente, de modo a satisfazer rápida e adequadamente a demanda.

Diante desse contexto, reflita sobre a seguinte questão: Sabendo que, na maioria dos casos, as empresas precisam fazer os pedidos de compra de matérias-primas e produtos de forma antecipada, muitas vezes sem conhecer completamente a demanda, você concorda que há necessidade de existir determinado "ponto de equilíbrio" entre uma previsão correta e os custos que ela acarretará? Como você determinaria esse "ponto de equilíbrio"?

» Exercícios resolvidos

1) A tabela a seguir mostra as vendas reais do Registrador Digital, principal produto de uma empresa fabricante de equipamentos para controle de processos. Qual é a previsão de vendas para o mês 11, utilizando-se a média móvel dos últimos dez meses?

Vendas do Registrador Digital – unidades

Mês	Jan.	Fev.	Mar.	Abr.	Maio	Jun.	Jul.	Ago.	Set.	Out.
RD	285	288	310	290	305	299	315	320	303	300

Solução:

A previsão para o mês 11 será a média dos dez meses anteriores:

$DP_{nov}(mmam) = (285 + 288 + 310 + 290 + 305 + 299 + 315 + 320 + 303 + 300) / 10 = 301{,}5$

2) Um estabelecimento comercial tem o seguinte desempenho de vendas:

Ano	2007	2008	2009	2010	2011	2012
Vendas	97	100	110	117	123	133

Estabeleça, com base nos dados, uma previsão para 2013:
  a. pelo método da média aritmética móvel, considerando n = 4;
  b. pelo método da média ponderada, atribuindo os seguintes pesos, em ordem crescente a partir de 2007: 5%, 5%, 10%, 15%, 25%, 40%.

Solução:

a. DP_{2008} (mmam) = $C_{2004} + C_{2005} + C_{2006} + C_{2007}$ / 4 =
(110 + 117 + 123 + 133) / 4 = 121

b. DP_{2008} (mmp) = DP(mmp) = $(C_1 \cdot P_1) + (C_2 \cdot P_2)$
+ $(C_3 \cdot P_3)$ +...+ $(C_n \cdot P_n)$
DP_{2008}(mmp) = (97 · 0,05) + (100 · 0,05) + (110 · 0,1) + (117 · 0,15) + (123 · 0,25) + (133 · 0,4) = DP_{2008}(mmp) = 122,35 ou 122

3) Nos últimos oito meses, o consumo de um determinado item, em unidades, foi:

Mês	1	2	3	4	5	6	7	8
Vendas	600	680	620	730	610	690	670	660

Utilizando-se o método dos mínimos quadrados, qual será a previsão de consumo para os próximos dois meses?

Solução:

DP (mmq) = a + bx

Vamos tabular os dados para calcular "a" e "b".

N	Y	X	X²	X·Y
1	600	0	0	0
2	680	1	1	680
3	620	2	4	1.240
4	730	3	9	2.190
5	610	4	16	2.440
6	690	5	25	3.450
7	670	6	36	4.020
8	660	7	49	4.620
8	5.260	28	140	18.640

Montando as equações normais:

$\Sigma Y = (n \cdot a) + (\Sigma x \cdot b)$ (1)
$\Sigma XY = (\Sigma x \cdot a) + (\Sigma x^2 \cdot b)$ (2)

Substituindo, temos:

$5.260 = 8a + 28b$ (1)
$18.640 = 28a + 140b$ (2)

Multiplicando a equação (1) por –5, para igualar numericamente, temos:

$(5.260 = 8a + 28b) \cdot (-5) \rightarrow -26.300 = -40a - 140b$

Somando as duas equações, temos:

$-26.300 = -40a - 140b$ (1)
$18.640 = 28a + 140b$ (2)

$-7.660 = -12a \rightarrow a = -7.660 / -12 \rightarrow a = 638,3$

Substituindo em (1), temos:
$5.260 = 8(638,3) + 28b \rightarrow 5.260 = 5.106,4 + 28b$
$5.260 - 5.106,4 = 28b \rightarrow b = 153,6 / 28 \rightarrow b = 5,5$

Previsão para o mês seguinte:

$DP_{09}(mmq) = a + bx \rightarrow DP_{09}(mmq) = 638,3 + 5,5(8) = 682,3$, ou seja, 682 unidades

4) Uma loja de roupas apresentou, nos últimos cinco meses, o perfil de vendas registrado na tabela a seguir, em unidades mensais.

Determine a previsão de vendas para o sexto mês pelo método dos mínimos quadrados (adaptado de Dias, 1997, p. 40).

Vendas mensais da loja de roupas – unidades.

Mês	01	02	03	04	05
Vendas	108	119	110	122	130

Solução:

DP(mmq) = a + bx

Vamos tabular os dados para calcular a e b.

Mês	Y	X	X^2	X·Y
01	108	0	0	0
02	119	1	1	119
03	110	2	4	220
04	122	3	9	366
05	130	4	16	520
05	589	10	30	1.225

As equações normais resultantes são:

589 = 5a + 10b
1.225 = 10a + 30b

A resolução simultânea das equações resulta em:

a = 108,4 e b = 4,7

Como a previsão de demanda para o mês 06 está cinco meses à frente do mês base (1), então teremos:

DP(mmq) = a + bx → DP_{06}(mmq) = 108,4 · 4,7(5) = 132 unidades

» Avaliação dos níveis de estoque

Estudamos, nos itens anteriores, aspectos relacionados ao consumo e à demanda ao longo de um período. Veremos, agora, o comportamento dos estoques nesse mesmo período. Há uma permanente preocupação da administração com o nível dos estoques, que deve ser o mais baixo possível dentro dos limites de segurança, tanto física (quantidades) como financeira (investimentos em estoques).

Os consumidores, sejam internos, sejam externos, apresentam demandas cujo atendimento consome os estoques disponíveis, exigindo reposições, que representam recebimentos. Estes, por sua vez, necessitam de armazenagem, o que requer instalações que ocupam espaço e custam caro. A gestão de um sistema assim descrito exige três decisões principais:

1. Quanto pedir: Diz respeito a decisões sobre o volume de reabastecimento, ou seja, o tamanho dos pedidos de reposição.
2. Quando pedir: Relaciona-se com o momento de colocação do pedido, ou a que nível de estoque esse momento corresponde.
3. Quando controlar o sistema: Remete a rotinas e processos adotados no sentido de fornecer subsídios à tomada de decisões quanto a prazos e quantidades.

Além disso, diferentes itens de estoque exigem diferentes níveis de prioridade, o que resulta em diferentes decisões de controle. Comecemos pela classificação dos itens de estoque.

››› Classificação ABC

Conhecida também como *curva ABC*, essa classificação ordena os materiais consumidos com base em uma avaliação financeira do seu custo de aquisição. Possibilita identificar quais itens receberão tratamento diferenciado, justificando o investimento em controles. Sua origem remonta à Itália do século XIX, por volta de 1897, quando o pesquisador Vilfredo Pareto elaborou um estudo sobre a distribuição de renda da população local. Esse estudo demonstrou que, em números gerais, 80% das riquezas da região concentravam-se nas mãos de 20% da população. Posteriormente, o conceito se generalizou e ficou conhecido como a regra dos 80/20, segundo a qual 80% dos problemas são gerados por apenas 20% das causas, ou 80% dos custos são atribuídos a 20% dos motivos dos gastos.

A fácil identificação com o cotidiano facilitou a difusão do princípio no meio organizacional, tornando-o uma ferramenta muito útil nas decisões administrativas. A classificação (ou curva) ABC é muito empregada na administração de estoques, mas seu uso pode ser estendido a diferentes atividades da administração, como a definição da política de vendas e a priorização da programação da produção.

No controle de estoques, sua utilidade se mostra na identificação de itens quanto ao seu custo. Depois de ordenados por sua importância relativa, dividem-se as listagens em três categorias: A, B e C. Embora não haja um critério universal, costuma-se usar classificações como a exemplificada a seguir.

Classe A

É o grupo dos itens mais importantes, que devem ser tratados de forma diferenciada pela administração. É composto por poucos itens (10% a 20% do estoque), mas seu valor acumulado é alto (de 50 a até 80%, geralmente).

Classe B

É o grupo de itens em situação intermediária em relação aos das categorias A e C. É formado por, geralmente, 20% a 30% do total de número de itens, e seu valor de consumo acumulado é de, aproximadamente, 20% a 30% dos investimentos em estoque.

Classe C

É o grupo dos itens de menor importância, que não merecem tanta atenção ou controle por parte da administração. É composto por um grande número de itens, acima de 50% do total, porém seu valor financeiro acumulado fica entre 5% e 10% do investimento em estoques.

Resumindo, temos:

Classificação A B C	% do estoque (Quantidade)	% do estoque (Valor: R$)
A	20	80
B	30	15
C	50	5

Como podemos perceber, os itens de classe A devem ser controlados de forma severa, o que implica altos custos de controle. Isso se justifica porque o controle será exercido apenas sobre uma reduzida quantidade de itens, os quais, entretanto, representam elevado valor financeiro. Os percentuais de quantidade e valor dos estoques são os chamados *pontos ideais de corte*. Na construção prática da classificação ABC, os valores determinantes de cada categoria devem estar o mais próximo possível desses valores ideais.

A elaboração da classificação (ou curva) ABC envolve quatro etapas:
1. levantar os dados sobre quantidades, valor unitário e valor total dos itens em estudo;
2. tabelar os itens em ordem decrescente de valores totais e fazer a somatória desses valores;
3. calcular a porcentagem de cada item sobre o valor total, dividindo os valores individuais pelo valor obtido na somatória;
4. classificar os itens em A, B ou C, conforme o critério estabelecido para tal.

Vejamos um exemplo, meramente didático, que ilustra o processo descrito.

Como parte de seu programa de redução de custos operacionais, a Indústria Mecânica T. decidiu negociar reduções de preços com seus fornecedores. Para obter resultados visíveis em curto período de tempo, verificou que seria necessário concentrar esforços nos itens mais significativos em termos de custo de estoque. Assim, o senhor J. P., gerente de materiais, elaborou uma classificação ABC para os itens de seu estoque, obtendo a seguinte tabela:

1	2	3	4	5	6	7	8	9
Item	Código	R$/un.	DMM	R$ Total (3 x 4)	% (5/Total) x100	Ordem % decrescente	ABC	% acumulado
1	E-1C	94,00	3400	319600,00	32,48	1	A	81,40
2	P-1R	32,00	2500	80000,00	8,13	4	A	
3	P-2P	213,00	320	68160,00	6,93	5	B	13,25
4	P-3L	131,00	475	62225,00	6,32	6	B	
5	A-1T	620,00	300	186000,00	18,90	3	A	
6	A-2J	718,00	300	215400,00	21,89	2	A	
7	C-1T	0,30	2500	750,00	0,08	15	C	5,35
8	M-2H	0,60	6800	4080,00	0,41	9	C	
9	A-2R	1,30	15000	19500,00	1,98	7	B	
10	E-1X	6,25	300	1875,00	0,19	12	C	
11	P-2C	5,10	600	3060,00	0,31	10	C	
12	P-1L	1,40	1000	1400,00	0,14	14	C	
13	P 1S	25,35	700	17745,00	1,80	8	C	
14	M-2P	1,35	2000	2700,00	0,27	11	C	
15	A-1D	3,80	400	1520,00	0,15	13	C	
Σ				984015,00	100,00			100,00

Fonte: Adaptado de Pozo, 2002.

Explicações sobre as colunas da tabela:
1. número de itens tabulados;
2. código dos itens;
3. custo unitário do item;
4. demanda média mensal baseada nos últimos 12 meses;
5. custo total do item (coluna 3 x coluna 4);
6. porcentagem de cada item sobre o custo total somado (cada valor da

coluna 5 / total);
7. classificação decrescente do percentual de cada item;
8. classificação ABC conforme o ponto de corte em valor (80%; 95%; 100%);
9. percentual acumulado de cada classe.

Após a tabulação dos dados, a curva representativa da classificação ABC assumiu a seguinte forma:

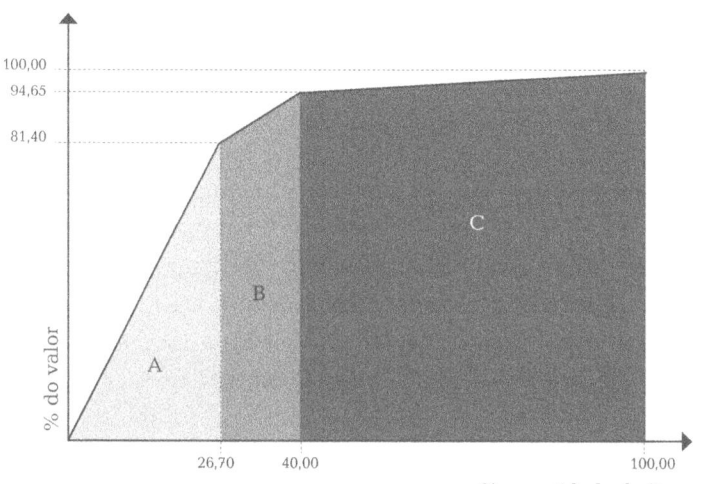

A composição de cada classe se dá pela soma dos percentuais, do maior para o menor, até atingir o ponto de corte, em % do valor, de cada classe. Esse ponto deve ficar o mais próximo possível do ideal para cada uma delas (80% para A e 95% para B). Assim, o corte para a classe A deu-se no item 4, totalizando 81,40%. Se ocorresse no item 3, teríamos 73,27%; se fosse no item 5, teríamos 88,33%. Como podemos verificar, ambos (3 e 4) ficam mais distantes do ponto ideal de corte (80%).

A classificação dos itens, feita com base no critério geral proposto, resultou no seguinte:

Classificação	% do valor	% da quantidade*
A	81,40	26,7
B	13,25	13,3
C	5,35	60,0

* Número de itens da classe/Total de itens

Desse modo, de imediato, o senhor J. P. deverá concentrar atenção nos quatro itens componentes da classe A, uma vez que eles correspondem a 81,40% do valor investido em estoques, e as reduções de preço conseguidas nesse grupo terão maior impacto nos custos totais. Na segunda fase, as negociações serão com os fornecedores dos itens da classe B e, por último, com aqueles da classe C, cujo valor corresponde a apenas 5,35% do total.

O exemplo refere-se à negociação de preços. O mesmo raciocínio, aplicado à gestão de estoques, leva-nos à conclusão de que os itens de classe A (E-1C, P-1R, A-1T e A-2J) justificam um tratamento diferenciado em relação aos demais. O custo decorrente desse controle mais apurado será plenamente compensado pela economia resultante de manter os estoques nos níveis e prazos exatos. Os materiais de classe C, em razão de seu baixo valor agregado, devem ser submetidos a controles mais simples. Quanto aos itens de classe B, seus estoques devem ser controlados por meio de sistemas intermediários àqueles recomendados para as classes A e C.

»» Sistema dos máximos e mínimos

Conhecido também como *sistema de quantidades fixas*, o sistema dos máximos e mínimos nos ajuda a lidar com as dificuldades de determinação do consumo e de variações dos prazos de fornecimento de um item. Seu funcionamento consiste em:

- determinar o estoque mínimo ($E_{mín.}$) e o estoque máximo ($E_{máx.}$) que se deseja manter para o item considerado;
- calcular o consumo médio para o item (C_m);
- estabelecer o tempo necessário para a reposição do item (TR);
- determinar o ponto de pedido (PP) em função do tempo de reposição (TR) e do consumo médio (C_m);
- estabelecer eventuais estoques de segurança (E_S) para o item;

» calcular a quantidade que deve ser adquirida a cada compra do item, ou seja, o lote de compra (LC).

Uma representação gráfica do sistema pode ser vista no gráfico a seguir.

» Gráfico 2.5 – **Representação gráfica do sistema de quantidades fixas**

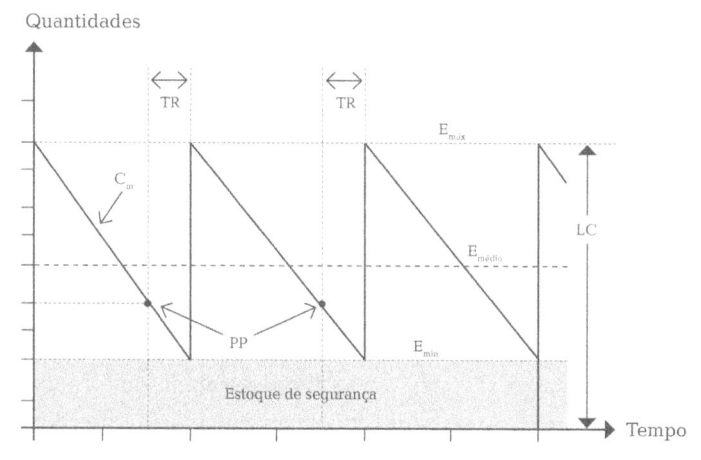

Na representação, temos:

$E_{máx.}$ = estoque máximo (quantidade máxima de unidades admitida em estoque);
$E_{min.}$ = estoque mínimo (quantidade mínima de unidades admitida em estoque);
C_m = consumo médio do item;
TR = tempo de reposição;
PP = ponto de pedido (quantidade em função do tempo de reposição);
LC = lote de compra (quantidade a ser adquirida a cada compra do item).

Veremos cada uma dessas variáveis nas seções que seguem.

Tempo de reposição (TR)

O intervalo de tempo entre a emissão de um pedido de compra e a liberação do material correspondente nas instalações do comprador é o que chamamos de *tempo de reposição*. Esse tempo depende do tipo de material, da quantidade adquirida e dos procedimentos de liberação peculiares a cada organização.

Com a evolução da tecnologia da informação e o advento de parcerias, é grande o número de empresas que têm os fornecedores integrados aos seus sistemas de gestão de materiais. Isso possibilita que os pedidos de reabastecimento sejam feitos por meios eletrônicos, na quantidade exata e no momento adequado (sistema JIT). Trata-se do sistema EDI (do inglês *Electronic Data Interchange*), que reduziu praticamente a zero o tempo necessário para a emissão de um pedido.

Outra redução significativa no tempo de reposição veio do sistema de fornecimento com qualidade assegurada. Nesse sistema, os procedimentos de inspeção qualitativa de recebimento são dispensados (exceto em casos especiais), e o material recebido do fornecedor vai direto para os processos de fabricação e montagem do cliente.

Assim, o componente mais significativo do tempo de reposição fica por conta do tempo que o fornecedor leva para processar o material solicitado e fazer com que ele chegue até as instalações do comprador. De forma geral, podemos expressar o tempo de reposição conforme a ilustração a seguir:

» Figura 2.5 – Tempo de reposição

t_{cp} t_f t_i

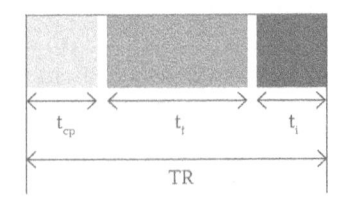

TR

$TR = t_{cp} + t_f + t_l$

Em que:

TR = tempo de reposição;
t_{cp} = tempo para colocação do pedido (depende de ações da empresa compradora);
t_l = tempo para liberação do material (depende de ações da empresa compradora);
t_f = tempo de fabricação (depende de características do item e de negociações com o fornecedor para reduzir ao mínimo indispensável).

O sistema de consórcio modular, utilizado por algumas empresas de grande porte, proporciona reduções significativas também no tempo de fabricação. Nesse sistema, o cliente disponibiliza ao fornecedor uma área em suas instalações para que este monte uma unidade produtiva que venha a atender às necessidades do solicitante. Dessa forma, o cliente pode programar a produção dessa unidade exatamente de acordo com suas necessidades, além de reduzir custos e tempo de transporte.

Ponto de pedido (PP)

É a quantidade de unidades que, com base no consumo médio e no tempo de reposição, assegura que o estoque existente suportará a demanda até que o reabastecimento seja concluído. Seu cálculo pode ser feito pela fórmula a seguir:

$PP = C_m \cdot TR + E_s$

Em que:

PP = ponto de pedido;
C_m = consumo médio;
TR = tempo de reposição;
E_s = estoque de segurança (igual ao estoque mínimo).

Exemplo:

O consumo normal de uma peça é de 50 unidades por mês, em média. Seu tempo de reposição é de 15 dias, e o estoque de segurança deve ser suficiente para um mês de consumo. Qual seu ponto de reposição?

Solução:

$PP = C_m \cdot TR + E_s$
$PP = 50 \cdot 0{,}5^* + 50$
$PP = 75$ unidades

Lote de compra (LC)

Refere-se à quantidade a ser adquirida a cada compra do item em questão, especificada no pedido de compra. Sua determinação varia em função de o sistema ser de reposição contínua ou de reposição periódica, e pode ser o lote econômico de compra ou não, como veremos mais adiante.

Estoque máximo ($E_{máx.}$)

Resulta da soma do estoque mínimo, ou estoque de segurança, ao lote de compra. Um fator limitador do estoque máximo é a capacidade de armazenagem, que sempre deve ser considerada na sua determinação, apresentando um valor capaz de absorver as flutuações inerentes à dinâmica de mercado sem onerar demais os custos de estocagem.

$E_{máx.} = E_{mín.} + LC$

Em que:

$E_{máx.}$ = estoque máximo;
$E_{mín.}$ = estoque mínimo = E_s = estoque de segurança;
LC = lote de compra.

Exemplo:

O lote de compra de um determinado item é de 1.200 unidades, e o seu estoque mínimo é igual a 1/3 do lote de compra. Qual será o estoque máximo?

Solução:

$E_{máx.} = E_{mín.} + LC \rightarrow E_{máx.} = 400 + 1.200\ m = E_{máx.} = 1.600$ unidades

Estoque mínimo ou estoque de segurança (E_{min}) ou (E_s)

Por estar relacionado ao capital imobilizado em estoques, o estoque mínimo é uma decisão de extrema importância para a gestão da estocagem de materiais em qualquer organização. Trata-se de definir a quantidade mínima de unidades de determinado item que deve existir no estoque, a fim de absorver as possíveis variações às quais o sistema está sujeito, em virtude de eventuais atrasos no fornecimento, problemas de qualidade no lote fornecido ou súbito aumento na demanda.

As modernas técnicas de gestão, inspiradas no princípio do JIT, permitem-nos diminuir os estoques, na maioria dos casos, para volumes próximos ou iguais a zero. Podemos destacar, entretanto, que, numa organização, a taxa de utilização de qualquer material não é constante, invariável ao longo do tempo. Nossos fornecedores também não estão isentos das variáveis mercadológicas e, portanto, o prazo de entrega pode sofrer variações desagradáveis.

O estoque mínimo é fundamental na definição adequada do ponto de pedido. Poderíamos determinar um estoque mínimo tão grande que absorveria qualquer oscilação do sistema, mas isso elevaria demais os custos de armazenagem e outros correlatos. Se, ao contrário, o estoque mínimo fosse muito pequeno, poderíamos incorrer em desabastecimentos sucessivos, ou seja, não dispor dos materiais quando deles necessitássemos, implicando perda de vendas e/ou paralisações da produção, além de prejuízos à imagem da empresa. São os chamados *custos de ruptura*.

Assim, a solução é estabelecer um estoque mínimo, ou de segurança, que assegure o grau de atendimento (GA) definido, maximizando o uso dos recursos disponíveis e minimizando os custos envolvidos. O grau de atendimento deve ser estabelecido com base na política de estoques da organização e pode ser fixado item a item ou para grupos de itens. Alguns modelos matemáticos prestam auxílio à tarefa de definir o estoque mínimo. Vejamos alguns deles a seguir.

a) *Método com grau de risco definido (MGRD)*

Esse tipo de cálculo, extremamente simples, não exige profundos conhecimentos matemáticos e/ou técnicos. Consiste na adoção de um fator k qualquer, arbitrário, porém proporcional ao grau de atendimento definido pela política de estoques da empresa. A fórmula de cálculo resume-se a:

$$E_{mín.} = C_m \cdot k$$

Em que:

$E_{mín.}$ = estoque mínimo (ou de segurança);
C_m = consumo médio periódico;
k = fator de segurança em função do grau de risco.

Exemplo:

Numa empresa, a política de estoques para um determinado item estabeleceu um grau de atendimento de 90%. Sendo o consumo médio mensal desse item igual a 80 unidades, qual será o estoque mínimo para ele, calculado pelo método com grau de risco definido?

Solução:

Como o grau de atendimento foi definido em 90%, significa que a empresa busca garantir que no máximo 10% das vezes o estoque desse item seja zero. Assim, temos:

$$E_{mín.} = C_m \cdot k \rightarrow E_{mín.} = 80 \cdot 0{,}9 \rightarrow E_{mín.} = 72 \text{ unidades}$$

Desse modo, se o estoque mínimo do item nunca for abaixo de 72 unidades, no máximo 10% das solicitações ficarão sem atendimento pleno.

A mesma fórmula pode ser utilizada para prever, num raciocínio simplista, cobertura para aumentos na demanda. Nesse caso, a sensibilidade do gestor é que irá determinar o fator de incremento ao estoque. O conhecimento de particularidades do mercado, a análise da conjuntura econômica e as informações obtidas das áreas de suprimentos e vendas permitem ao administrador arbitrar um fator k que cubra as variações de demanda estimadas.

Exemplo:

Para um produto cujo consumo médio mensal é de 2.000 unidades, o gestor de estoques, baseado em suas informações, estima um risco de 30% para os próximos períodos. Qual será o estoque mínimo para esse item?

Solução:

$E_{min.} = Cm \cdot k \rightarrow E_{min.} = 2.000 \cdot 0,30 \rightarrow E_{min.} = 600$ unidades

Assim, ao acrescentar 600 unidades ao seu estoque usualmente praticado, o administrador entende estar preparado para enfrentar o aumento de demanda estimado.

b) *Modelo com alterações de consumo e de tempo de reposição (MACTR)*

Quando há aumento nas vendas e/ou atrasos nas entregas, em relação aos parâmetros considerados normais, podemos recorrer a esse modelo para a fixação do estoque mínimo. Sua fórmula de cálculo é:

$E_{min.} = (C_{mp} - C_m) + C_{mp} \cdot P_{TR}$

Em que:

$E_{min.}$ = estoque mínimo ou de segurança;
C_m = consumo médio do item;
C_{mp} = consumo maior previsto para o item;
P_{TR} = porcentagem de atraso no tempo de reposição.

Exemplo:

O consumo médio de um determinado item é de 810 unidades/mês. Estudos de *marketing* e dados conjunturais apontam para um aumento de 20% na demanda, e a área de suprimentos informa que o fornecedor atrasará 10 dias na entrega do pedido, cujo prazo normal é de 30 dias. Qual deverá ser o estoque mínimo para esse item?

Solução:

$E_{min.} = (C_{mp} - C_m) + C_{mp} \cdot P_{TR}$
$C_{mp} = C_m \cdot 1{,}2 = 810 \cdot 1{,}2 = 972$
P_{TR} = atraso/prazo normal = 10 / 30 = 1 / 3 (ou 33,3333...%)
$E_{min.} = (972 - 810) + 972 \cdot 1 / 3$
$E_{min.} = 162 + 324 = 486$ unidades

Caso ocorresse apenas aumento na demanda, sem que o fornecedor atrasasse sua entrega, a mesma fórmula poderia ser empregada. Vejamos:

$E_{min.} = (C_{mp} - C_m) + C_{mp} \cdot P_{TR}$

Como não há atraso no fornecimento, PTR = 0 $C_{mp} \cdot$ PTR = 0

$E_{min} = (972 - 810) + 0 = 162$ unidades

Da mesma forma, se ocorresse apenas atraso no fornecimento, sem aumento da demanda, a fórmula ainda seria válida, pois teríamos:

$E_{min.} = (C_{mp} - C_m) + C_{mp} \cdot P_{TR}$

Como não há aumento na demanda, $C_{mp} = C_m \rightarrow C_{mp} - C_m = 0$

$E_{min.} = 0 + 810 \cdot 1 / 3 = 0 + 270 = 270$ unidades

c) *Método com grau de atendimento definido (MGAD)*

Diferentemente dos demais métodos até agora examinados, o MGAD admite o estoque zero, ou seja, não atender à solicitação do requisitante em 100% das ocasiões. Podemos experimentar duas situações:

1. com variação apenas na demanda;
2. com variação na demanda e no tempo de reposição (TR).

Para que isso funcione a contento, devemos definir qual será o grau de atendimento desejado, aquele que melhor servir às políticas de estoque da organização. Em outras palavras, vamos determinar a probabilidade de ruptura, representada por um fator k em função do risco assumido, conforme a tabela a seguir.

» Tabela 2.2 – Valores de k em função do risco assumido

Grau de atendimento (%)	Risco (%)	Fator k	Grau de atendimento (%)	Risco (%)	Fator k	Grau de atendimento (%)	Risco (%)	Fator k
52,00	48,00	0,102	80,00	20,00	0,842	90,00	10,00	1,282
55,00	45,00	0,126	85,00	15,00	1,036	95,00	5,00	1,645
60,00	40,00	0,253	86,00	14,00	1,085	97,50	2,50	1,960
65,00	35,00	0,385	87,00	13,00	1,134	98,00	2,00	2,082
70,00	30,00	0,524	87,50	12,50	1,159	99,00	1,00	2,326
75,00	25,00	0,674	88,00	12,00	1,184	99,50	0,50	2,576
78,00	22,00	0,775	89,00	11,00	1,233	99,90	0,10	3,090

Valores com base na distribuição normal

» Com variação apenas na demanda:

O cálculo do estoque mínimo obedece à seguinte fórmula:

$E_{min.} = \sigma \cdot k$

Em que:

σ = desvio padrão do consumo;
k = coeficiente de risco (ver tabela acima).

Para o cálculo do desvio padrão (σ), utilizaremos a fórmula tradicional:

$$\sigma = \sqrt{\frac{\sum_{i=1}^{n}(C_p - C_m)^2}{n-1}}$$

Em que:

σ = desvio padrão do consumo;
C_p = consumo pontual;
C_m = consumo médio;
n = número de períodos.

Exemplo:

Nos últimos sete meses, determinado item teve um consumo mensal conforme a tabela a seguir:

Mês	1º	2º	3º	4º	5º	6º	7º
Consumo	2.800	2.500	2.950	3.100	3.150	3.200	3.300

Calcular o estoque mínimo com grau de atendimento de 90%.
Solução:
Começamos pelo cálculo do consumo médio:

$$C_m = \frac{\Sigma C}{n} \rightarrow C_m = \frac{2.800 + 2.500 + 2.950 + 3.100 + 3.150 + 3.200 + 3.300}{7} =$$

$$\frac{21.000}{7} = C_m = 3.000 \text{ unidades}$$

Para o cálculo do desvio padrão, vem:

$$\sigma = \sqrt{\frac{\sum_{i=1}^{n}(C_p - C_m)^2}{n-1}}$$

Tabulando os dados:

Mês	C_p	$C_p - C_m$	$(C_p - C_m)^2$
1º	2.800	−200	40.000
2º	2.500	−500	250.000
3º	2.950	−50	2.500
4º	3.100	100	10.000
5º	3.150	150	22.500
6º	3.200	200	40.000
7º	3.300	300	90.000
	$C_m = 3.000$		Σ 455.000

$$\sigma = \sqrt{\frac{455.000}{7-1}} = \sqrt{\frac{455.000}{6}} = \sqrt{75.833} = 275,38.$$

Como grau de atendimento = 90%, o risco será de 10%.

Na tabela, para R = 10% → k = 1,282.

$E_{min.} = \sigma \cdot k \rightarrow E_{min.} = 275,38 \cdot 1,282 = 353,04$, ou seja, $E_{min.} = 353$ unidades.

A partir do estoque mínimo, podemos definir qual o consumo máximo que poderá ser suportado. Assim:

$C_{máx.} = C_m + E_{min.} \rightarrow C_{máx.} = 3.000 + 353 = C_{máx.} = 3.353$ unidades.

Vamos calcular agora o estoque mínimo para um grau de atendimento de 95%.

Da tabela, vem: R = 5% → k = 1,645.

$E_{min.} = \sigma \cdot k \rightarrow E_{min.} = 275,38 \cdot 1,645 = E_{min.} = 453$ unidades

O consumo máximo suportado agora será:

$C_{máx.} = C_m + E_{min.} \rightarrow C_{máx.} = 3.000 + 453 = C_{máx.} = 3.453$ unidades

Comparando os valores obtidos, verificamos que um aumento de 5% no grau de atendimento corresponde a um acréscimo de 2,98% nas vendas e a uma elevação de 28,3% nos estoques. Em termos práticos, é conveniente analisar se tais valores são financeiramente compatíveis, ou seja, se um incremento de menos de 3% nas vendas justifica um aumento de mais de 28% nos estoques.

» Variação na demanda e no tempo de reposição:

O exemplo anterior levou em conta as variações de quantidade. É possível – e mais preciso – considerarmos também, no MGAD, as eventuais variações no tempo de reposição. Para tanto, a fórmula de cálculo sofrerá alterações e passará a ser:

$$E_S = k \cdot \sigma \cdot \sqrt{\frac{TR}{PP}}$$

Em que:

E_S = estoque de segurança (ou estoque mínimo);

k = fator de segurança (o mesmo da Tabela 2.2);
σ = desvio padrão do consumo;
TR = tempo de reposição;
PP = período correspondente aos dados da previsão (sempre na mesma unidade do TR, ou seja, se TR for dado em semanas, PP corresponderá a uma semana; se TR for dado em meses, PP corresponderá a um mês; e assim sucessivamente).

Se tomarmos os mesmos números do exemplo anterior, notaremos mais facilmente as alterações provocadas no estoque final. Vejamos:

Para grau de atendimento 90% (risco 10%):

σ = 275,38
k = 1,282 (risco = 10%)
TR = 2 semanas
PP = 1 semana
C_m = 3.000 unidades

$$E_S = 275,38 \cdot 1,282 \cdot \sqrt{\frac{2}{1}} \rightarrow E_S = 275,38 \cdot 1,282 \cdot \sqrt{2}$$

E_S = 353,04 · 1,41 → E_S = 497,78, ou seja, E_S = 498 unidades

Para grau de atendimento 95% (risco 5%):

σ = 1,645

E_S = 275,38 · 1,645 · 1,41 = 638,73, ou seja, E_S = 639 unidades

Com a elevação do grau de atendimento de 90% para 95% (e a consequente redução do risco em 5%), teremos um aumento de 28,31% nos estoques (de 498 unidades para 639 unidades) e um aumento nas vendas de 4,03% (de 3.439 unidades para 3.639 unidades). Novamente, recomenda-se analisar a viabilidade financeira da situação.

››› Sistema de duas gavetas – S2g

De todos os métodos para controlar os níveis de estoques, este é o que menos exige burocracia e pode ser considerado o mais simples. Recomenda-se o seu uso para itens de classe C, e o seu funcionamento é explicado a seguir.

São utilizadas duas caixas, A e B, conforme as ilustrações que seguem.

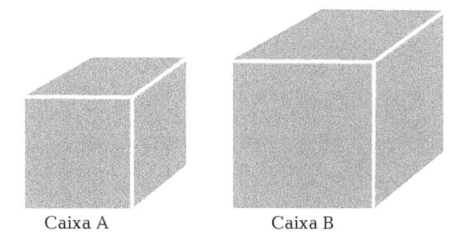

Caixa A   Caixa B

O processo começa com as duas caixas cheias. A caixa A é abastecida com material suficiente para atender à demanda durante o período de reposição, acrescido do estoque de segurança, – ou estoque mínimo. Desse modo, a quantidade na caixa A será:

$Q_A = (C_m \cdot TR) + E_s$

Em que:

Q_A = quantidade de material na caixa A;
C_m = consumo médio do material;
TR = tempo de reposição do material;
E_s = estoque de segurança, ou estoque mínimo.

Na caixa B, coloca-se material suficiente para suportar o consumo médio previsto para o período. Assim, a quantidade na caixa B será:

$Q_B = C_m \cdot p$

Em que:

Q_B = quantidade de material na caixa B;
C_m = consumo médio do material;
p = período normal de consumo.

O atendimento às requisições de material inicia-se pelo estoque da caixa B e segue assim até que este chegue a zero. Portanto, a caixa B estará vazia nesse momento, conforme representação a seguir.

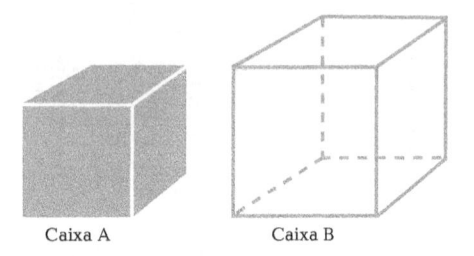

Caixa A   Caixa B

Quando isso acontece, é o momento de emitir o pedido de compra para a reposição do material. O atendimento às requisições passa então a ser processado pelo estoque da caixa A, enquanto transcorre o período de transposição. Ao chegar o material comprado, completa-se o nível de estoque da caixa A e reabastece-se a caixa B, recomeçando o ciclo de atendimento.

» Valorização dos estoques

Além dos controles físicos, a gestão de estoques deve estar atenta aos controles financeiros. Com base nos preços dos itens estocados, podemos obter informações financeiras exatas e atualizadas sobre produtos acabados e matérias-primas armazenadas. A base para essa valorização é o menor entre dois preços: o preço de custo e o preço de mercado. O preço de mercado é aquele pelo qual a matéria-prima foi adquirida, ao passo que o preço de custo refere-se àquele da fabricação do produto. Quatro métodos podem ser utilizados para a valorização dos estoques: custo médio, Peps, Ueps[4] e custo de reposição.

---

[4] O significado das siglas Peps e Ueps será apresentado nas seções a seguir.

››› Valorização pelo custo médio

É o método mais frequentemente utilizado, tanto pela sua simplicidade como pela sua ação estabilizadora, que absorve as oscilações de preços. Sua base metodológica é o preço médio e a cronologia de todas as entradas e saídas de material. A baixa dos materiais é feita pelas quantidades constantes das ordens de fabricação, e os saldos finais são valorizados pelo preço médio dos itens.

Exemplo:

Observe as entradas de materiais e baixas de itens.

Data	Doc.	Entradas Qte.	R$/Un.	R$/Total	Saídas Qte.	R$/Un.	R$/Total	Saldos Qte.	R$/Total	Média
05/07	NF 05	300	25,00	7.500,00				300	7.500,00	25,00
08/07	NF 06	220	26,00	5.720,00				520	13.220,00	25,42
12/07	OF 09				250	25,42	6.355,00	270	6.865,00	25,42
15/07	NF 07	250	30,00	7.500,00				520	14.365,00	27,625
18/07	OF 10				280	27,625	7.735,00	240	6.630,00	27,625
22/07	OF 11				200	27,625	5.525,00	40	1.105,00	27,625
25/07	NF 08	150	40,00	6.000,00				190	7.105,00	37,394
30/07	OF 12				130	37,394	4.861,22	60	2.243,78	37,394
Total geral				26.720,00			24.476,22	60	2.243,78	37,39

››› Valorização pelo método Peps

Como vimos no primeiro capítulo, a sigla Peps significa "primeiro a entrar, primeiro a sair", correspondente, em inglês, a Fifo (*first in first out*). Esse sistema baseia-se nas datas sequenciais de entrada e saída de cada item. A retirada dos itens do estoque é feita obedecendo-se à ordem cronológica de entrada, aplicando-se ao produto o seu preço para a valorização do estoque.

Exemplo:

Vamos utilizar a tabela do caso anterior e adaptá-la ao sistema Peps.

Data	Doc.	Entradas			Saídas			Saldos	
		Qte.	R$/Un.	R$/Total	Qte.	R$/Un.	R$/Total	Qte.	R$/Total
05/07	NF 05	300	25,00	7.500,00				300	7.500,00
08/07	NF 06	220	26,00	5.720,00				520	13.220,00
12/07	OF 09				250	25,00	6.250,00	270	6.970,00
15/07	OF 10	250	30,00	7.500,00				520	14.470,00
18/07	OF 10				280 -50 -220 -10	25,00 26,00 30,00	1.250,00 5.720,00 300,00	470 250 240	13.220,00 7.500,00 7.200,00
22/07	OF 11				200	30,00	6.000,00	40	1.200,00
25/07	NF 08	150	40,00	6.000,00				190	7.200,00
30/07	OF 12				130 -40 -90	30,00 40,00	1.200,00 3.600,00	150 60	6.000,00 2.400,00
	Total geral			26.720,00			24.320,00	60	2.400,00

A primeira baixa de produtos que observamos na tabela se deu pela OF 09, que requisitou 250 unidades. Elas foram abatidas das primeiras 300 que chegaram (NF 05) e valorizadas a R$ 25,00/unidade. Na segunda baixa, a OF 10 requisitou 280 unidades, que foram assim contabilizadas:

» As primeiras 50 unidades foram baixadas do saldo remanescente da primeira entrada (NF 05) e valorizadas por aquele preço (R$ 25,00/unidade).
» Outras 220 unidades foram sacadas do 2º lote fornecido (NF 06) e valorizadas a R$ 26,00/unidade.

- » As últimas 10 unidades foram retiradas do lote recebido com a NF 07 e valorizadas pelo preço de entrada do lote, ou seja, R$ 30,00/unidade.
- » A aplicação sucessiva do método, considerando a OF 11, a NF 08 e a OF 12, leva-nos ao saldo de 60 unidades valorizadas a R$ 40,00/unidade, totalizando R$ 2.400,00.

››› Valorização pelo método Ueps

A sigla Ueps significa "ultimo a entrar, primeiro a sair", e seu correspondente em inglês é Lifo (*last in first out*). Assim como o método Peps, o Ueps baseia-se na cronologia das entradas e saídas de materiais, e os saldos são valorizados pelos últimos preços de entrada. Em economias sujeitas à inflação, esse método facilita a definição dos preços de venda, pois reflete melhor a realidade de mercado.

Exemplo:

A mesma tabela utilizada nos exemplos anteriores será adaptada para o Ueps.

Data	Doc.	Entradas			Saídas			Saldos	
		Qte.	R$/Un.	R$/Total	Qte.	R$/Un.	R$/Total	Qte.	R$/Total
05/07	NF 05	300	25,00	7.500,00				300	7.500,00
08/07	NF 06	220	26,00	5.720,00				520	13.220,00
12/07	OF 09				250 −220 −30	26,00 25,00	5.720,00 750,00	300 270	7.500,00 6.750,00
15/07	NF 07	250	30,00	7.500,00				520	14.250,00
18/07	OF 10				280 −250 −30	30,00 25,00	7.500,00 750,00	270 240	6.750,00 6.000,00

(*continua*)

(conclusão)

Data	Doc.	Entradas			Saídas			Saldos	
		Qte.	R$/Un.	R$/Total	Qte.	R$/Un.	R$/Total	Qte.	R$/Total
22/07	OF 11				200	25,00	5.000,00	40	1.000,00
25/07	NF 08	150	40,00	6.000,00				190	7.000,00
30/07	OF 12				130	40,00	5.200,00	60	1.800,00
Total geral				26.720,00			24.920,00	60	1.800,00

Podemos observar que cada saída de material é valorizada conforme a última entrada correspondente, confirmando a regra de último a entrar, primeiro a sair. Vejamos:

» A primeira baixa de produtos do estoque é solicitada pela OF 09, que requisita 250 unidades. As primeiras 220 unidades são abatidas da NF 06, zerando-a, e as outras 30 unidades são supridas pelo material que entrou com a NF 05.

» A segunda saída de material é solicitada pela OF 10, que requisita 280 unidades. As primeiras 250 são retiradas da NF 07 (última a entrar), zerando-a, e as outras 30 são retiradas do lote fornecido com a NF 05 (primeiro a entrar).

» As próximas 200 unidades, solicitadas pela OF 11, são supridas integralmente pelo lote fornecido com a NF 05, já que nada restou dos outros e não houve nova entrada. Restam, ainda, 40 unidades do primeiro lote.

» Novo fornecimento vem com a NF 08, com 150 unidades. A seguir, 130 unidades são requisitadas pela OF 12 e são integralmente abatidas dessa última entrada.

» O estoque final nos mostra um saldo de 20 unidades da NF 08 a R$ 40,00/unidade, perfazendo R$ 800,00, e mais 40 unidades da NF 05 a R$ 25,00/unidade, perfazendo R$ 1.000,00. O saldo total, portanto, chega a R$ 1.800,00 conforme mostra a tabela.

Agora que já conhecemos cada método individualmente, vejamos a seguir uma análise comparativa entre eles.

›»› Análise comparativa entre os métodos custo médio, Peps e Ueps

A utilização de qualquer um dos métodos depende do tipo de organização. O fisco brasileiro faz restrições ao uso do método Ueps, porque, em economias sujeitas aos efeitos da inflação, esse método beneficia a empresa na apuração do valor a ser tributado, prejudicando a arrecadação fiscal. A vantagem tributária para a empresa ocorre porque o método Ueps apresenta um custo operacional maior e um valor menor imobilizado em estoques.

Dentre os métodos aceitos pelo fisco brasileiro (custo médio e Peps), o custo médio é o mais favorável à organização, pois apresenta um custo operacional maior, reduzindo a carga tributária.

Vejamos as comparações no exemplo a seguir:

	Custo médio	Fifo	Lifo
Valor do estoque final (R$)	2.243,78	2.400,00	1.800,00
Custo dos produtos vendidos (R$)	24.476,22	24.320,00	24.920,00

» Exercícios resolvidos

1) Durante um ano, o estoque de materiais de um escritório de criação apresentou a movimentação mostrada na tabela a seguir. Elabore a classificação ABC e, admitindo 365 dias no ano e um valor de estoque médio igual a R$ 3.500,00, determine o giro de estoque e a cobertura proporcionada.

Código	Material	Quantidade	R$/unidade
LC 01	Lápis de cera	600	3,00
CP 03	Copinhos	20.000	0,03
CL 01	Clipes	10.000	0,2
PC 05	Papel/cartão	30.000	0,05
PT 02	Pastas A-Z	80	3,50
FC 08	Fita colorida	500 rolos	1,50
CI 07	Cartucho de impressão	720	45,00

Solução:

Para classificar os itens em A, B ou C, vamos multiplicar quantidades por valores unitários e ordenar os resultados em valores decrescentes.

Código	Material	R$/Total	R$/Acumulado	Percentual	Classe
CI 07	Cartucho de impressão	32.400,00	32.400,00	82,4%	A
CL 01	Clipes	2.000,00	34.400,00	87,5%	B
LC 01	Lápis de cera	1.800,00	36.200,00	92,0%	B
PC 05	Papel/cartão	1.500,00	37.700,00	95,9%	B
FC 08	Fita colorida	750,00	38.450,00	97,8%	C
CP 03	Copinhos	600,00	39.050,00	99,3%	C
PT 02	Pastas A-Z	280,00	39.330,00	100%	C

Giro do estoque = R$ 39.330,00 / R$ 3.500,00 = 11,24 vezes
Cobertura = 365 / 11,24 = 32,47 dias

2) Uma empresa encerrou o ano com vendas anuais de R$ 96.000 (a preço de custo). Durante o ano, seu estoque girou 12 vezes. Para o ano seguinte, a empresa planeja aumentar suas vendas anuais em 25% (a preço de custo). Nesse caso, qual será o aumento

necessário no valor do estoque agregado se a empresa mantiver o mesmo giro de estoque no ano?

Solução:

GE = CV / VE → 12 = R$ 96.000 / VE → VE = R$ 8.000

Com 25% de aumento, CV = R$ 120.000. Mantendo os mesmos 6 giros, temos: 12 = R$ 120.000 / VE → VE = R$ 10.000.
Portanto, o aumento no valor dos estoques será de R$ 2.000.

3) Com relação à empresa da questão anterior, qual será o giro de estoque que ela precisará obter, por meio de um melhor gerenciamento da cadeia de suprimentos, para dar apoio às vendas sem elevar o valor do estoque agregado médio?

Solução:

Custo das vendas anuais para o próximo ano = R$ 120.000

Valor dos estoques = R$ 8.000 (não aumenta)

GE = R$ 120.000 / R$ 8.000 = 15.
Portanto, o estoque terá de girar 15 vezes no ano.

4) Consultando os registros de vendas dos últimos 12 meses, o gestor de uma empresa de suprimentos para construção civil verificou que a demanda semanal de cimento equivalia a uma distribuição normal de média 50 t e desvio padrão 5 t. O tempo de reposição (TR), ou *lead time* (LT), do fornecedor é de duas semanas, e o gestor não se dispõe a aceitar um risco superior a 2,5% para a falta de estoques. Assim, pergunta-se:

   a. Qual o estoque de segurança (ou estoque mínimo) que ele deve manter?

b. Qual ponto de pedido (ou ponto de reposição) deve ser adotado?

Solução:

Estoque de segurança:

$$E_s = k \cdot \sigma \cdot \sqrt{\frac{TR}{PP}} \rightarrow E_s = 1{,}960 \cdot 5 \cdot \sqrt{\frac{1}{2}}$$

$E_s = 1{,}960 \cdot 5 \cdot 1{,}41$
$E_s = 13{,}8 \text{ t}$

Ponto de pedido:

$PP = C_m \cdot TR + ES$

$PP = 50 \cdot 2 + 13{,}8$

$PP = 113{,}8 \text{ t}$

» Estudo de caso

››› Classificação ABC na Fábrica de Bombas Thardo

A Fábrica de Bombas Thardo é uma empresa produtora de bombas centrífugas. O departamento de engenharia de produtos desenvolveu um novo tipo de bomba cujo funcionamento se dá por meio de uma pequena central de vácuo, automatizada, do tipo anel líquido, que elimina o ar durante a operação da bomba e também no final do bombeio e esgotamento de tanques. O projeto é de concepção altamente versátil e permite que, com um *kit* básico de componentes, seja possível personalizar as bombas de acordo com as necessidades específicas do cliente.

Para atender com agilidade às solicitações do seu mercado consumidor, a empresa deve manter estoques suficientes de todos os componentes do *kit* básico. Isso provoca grande imobilização de capital e elevação dos custos. Assim, a organização decidiu por uma classificação ABC de seus itens de estoque, a fim de decidir sobre quais deveria manter um controle rígido e quais poderia manter em estoque sem excessivas preocupações. O estudo deveria propor, também, a periodicidade de contagem dos itens para cada categoria. A lista de componentes da bomba aparece na tabela a seguir.

	BOMBAS THARDO – BAE-13: Lista de componentes		
Item	Descrição	Quantidade	Custo (R$/u)
1	Corpo da bomba	1	181,00
2	Tampa do suporte	1	171,66
3	Palheta do rotor	4	11,11
4	Rotor	1	188,49
5	Tampa do rotor	1	102,98
6	Tampa de escorva	1	15,17
7	Tampa do rolamento	1	58,00
8	Parafuso de escorva	4	3,16
9	Parafuso cab. flange sextavada	0,03	11,71
10	Rolamento rígido de esferas 6002	1	5,62
11	Rolamento rígido de esferas 6005	1	7,55
12	Embreagem eletromagnética	1	343,92
13	Arruela de pressão inox	0,07	4,42
14	Parafuso cab. sextavada inox	0,07	17,31

Solução do caso:

A primeira providência foi organizar a tabela para a construção da classificação ABC.

Item	Descrição	Quant.	R$/Un.	R$/Total	%/Valor	%/Acum.	Cl
12	Embreagem eletromagnética	1	343,92	343,92	30,35	30,35	A
4	Rotor	1	188,49	188,49	16,63	46,98	A
1	Corpo da bomba	1	181,00	181,00	15,97	62,95	A
2	Tampa do suporte	1	171,66	171,66	15,15	78,09	A

(continua)

(conclusão)

Item	Descrição	Quant.	R$/Un.	R$/Total	%/Valor	%/Acum.	Cl
5	Tampa do rotor	1	102,98	102,98	9,09	87,18	B
7	Tampa do rolamento	1	58,00	58,00	5,12	92,30	B
3	Palheta do rotor	4	11,11	44,44	3,92	96,22	B
6	Tampa de escorva	1	15,17	15,17	1,34	97,56	C
8	Parafuso de escorva	4	3,16	12,64	1,12	98,67	C
11	Rolamento rígido de esferas 6005	1	7,55	7,55	0,67	99,34	C
10	Rolamento rígido de esferas 6002	1	5,62	5,62	0,50	99,83	C
14	Parafuso cab. sextavada inox	0,07	17,31	1,21	0,11	99,94	C
9	Parafuso cab. flange sextavada	0,03	11,71	0,35	0,03	99,97	C
13	Arruela de pressão inox	0,07	4,42	0,31	0,03	100,00	C
				1133,34			

Os pontos de corte foram estabelecidos de acordo com a orientação teórica da classificação ABC, ou seja, 80% (ou o mais próximo possível) para a classe A, 95% (ou o mais próximo possível) para a classe B e o restante para a classe C. A classificação ABC para os componentes da bomba BAE-13 assumiu a seguinte forma gráfica:

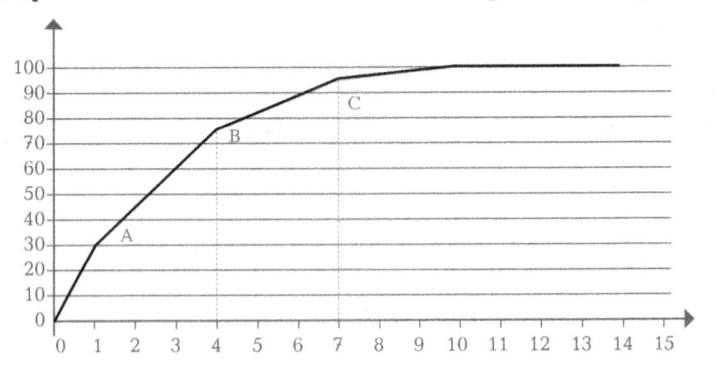

Um resumo pode ser visto na tabela a seguir.

Classe	% do valor	% da quantidade
A	78,09	28,57
B	18,13	21,43
C	3,78	50,00

Com base nos valores constantes na tabela de agrupamento por categoria, foram adotados os seguintes procedimentos:

» administração *Just In Time* – JIT (apenas as quantidades exatas no momento exato) para os itens 12, 4, 1 e 2, com repercussão imediata sobre mais de 78% dos custos de materiais;
» renegociação das condições de preço e prazo para os itens 5, 7 e 3;
» adoção do sistema de máximos e mínimos para o controle dos estoques dos itens 6, 8, 11, 10, 14, 9 e 13, estabelecendo-se pontos de reposição e estoques de segurança avaliados caso a caso;
» estabelecimento da periodicidade para a contagem revisional dos itens, de acordo com a classe:

Classe	Contagens
A	24 vezes ao ano
B	6 vezes ao ano
C	vezes ao ano

» Custo de armazenagem

Materiais armazenados geram custos, e uma eficiente gestão dos estoques exige o conhecimento e o cálculo destes. Os principais componentes desses custos são:

- » de capital, correspondente aos juros e à depreciação;
- » de edificações, correspondente ao aluguel, aos impostos e às utilidades;
- » de pessoal, correspondente aos salários e aos encargos;
- » de manutenção, correspondente ao equipamento, à deterioração e à obsolescência;
- » dos materiais, correspondente à matéria-prima, ao material auxiliar e ao produto acabado.

Quanto maior a quantidade de itens estocados e maior o tempo que permanecem em estoque, maior será o custo de armazenagem. Isso equivale a dizer que o custo de armazenagem é diretamente proporcional ao volume estocado e ao tempo de estocagem.

O custo de armazenagem é calculado pelos valores médios dos estoques de matéria-prima, dos produtos acabados e dos valores mensais dos outros componentes. Geralmente, ele é determinado para o estoque todo, e só em casos particulares calcula-se o custo para um item específico.

››› Custo de armazenagem anual para um item (individual)

Para o custo de armazenagem tomado apenas pelo cálculo de um item, apresentamos a fórmula e o exemplo a seguir.

$$CA = Q/2 \cdot P \cdot T \cdot i$$

Em que:

CA = custo de armazenagem anual;
P = preço unitário do item;
Q = quantidade em estoque do item;
T = período considerado de armazenagem;
i = taxa de juros no período[5].

---

[5] Alguns especialistas consideram "i" como *taxa de armazenagem*, que seria uma somatória de: taxa de retorno de capital, taxa de armazenamento físico, taxa de seguro, taxa de transporte, taxa de obsolescência e taxa de utilidades (água, luz etc.). Como, em resumo, todas elas se referem ao custo financeiro, entendemos que a taxa de juros de mercado, praticada no período de apuração dos custos, é representativa das demais. Entretanto, mais adiante, ao tratarmos do lote econômico de compra, demonstraremos uma forma prática para o cálculo da taxa de armazenagem (i).

Exemplo:

Calcular o custo de armazenagem anual de um item com os seguintes dados gerais:

- » 500 unidades em estoque
- » R$ 30/unidade
- » R$ 75.000 mensais de gastos gerais da área de estoques
- » R$ 25.000 mensais de gastos com pessoal
- » 90% de encargos da folha de salários
- » Juros de 30% ao ano

Solução:

$CA = Q/2 \cdot P \cdot T \cdot i$
$CA = 250 \cdot R\$\ 30 \cdot 1 \cdot 0{,}3 = CA = R\$\ 2.250$

››› Custo de armazenagem anual total (para todo o estoque)

Para o custo de armazenagem tomado pelo cálculo de todo o estoque, dispomos da fórmula e do exemplo a seguir.

$CA = \{[(Q/2) \cdot P] + D_g\} \cdot T \cdot i$

Em que:

CA = custo de armazenagem anual para todo o estoque;
Q = quantidade total em estoque (pode ser também item a item);
P = preço médio dos itens em estoque (pode ser também item a item);
D_g = despesas de manutenção, edificações, materiais auxiliares, depreciação, equipamentos, mão de obra e demais gastos gerais da área de materiais;
T = tempo, ou período, de estocagem;
i = taxa de juros do período (custo do dinheiro).

Exemplo:

Vamos utilizar os dados do exemplo anterior e acrescentar a ele a informação: Valor do estoque total: R$ 1.800.000.

Solução:

$CA = \{[(Q/2) \cdot P] + D_g\} \cdot T \cdot i$

Como foi dado o valor total do estoque, isso significa que já temos a somatória das quantidades de cada item multiplicadas pelos seus preços ou a quantidade total de itens multiplicada pelo seu preço médio (Q · P = R$ 1.800.000). Vamos então calcular D_g.

D_g = R$ 75.000 + (R$ 25.000 · 1,9) = R$ 122.500

Aplicando os valores à fórmula, temos:

CA = {[R$ 1.800.000 / 2] + R$ 122.500} · 1 · 0,3 = R$ 1.262.500 · 1 · 0,5 = CA = R$ 306.750

❱❱ Estudo de caso

❱❱❱ Custo de armazenagem na FORJASA

A FORJASA – Forjaria Jaraguá S.A. é uma indústria metalúrgica de grande porte, especializada no segmento de forjamento de produtos em aço e alumínio. Sua linha de produtos inclui forjados sob encomenda, ferramentas manuais e eletroferragens. Fundada em julho de 1980 na região sul da cidade de São Paulo, mudou-se recentemente para novas instalações fora da capital, num terreno de 30.000 m², localizado na zona norte do estado. Para tomar decisões a respeito do armazenamento e da distribuição de seus produtos, a empresa quer saber seu custo anual de armazenagem. O levantamento de dados resultou no seguinte quadro geral:

Produtos acabados		
Produto	Quant.	R$/Un.
Gancho olhal	1.500	85,00
Gancho bola	2.000	100,00
Garfo Bola com suporte 90°	1.200	230,00
Prolongador olhal/Olhal 90°	700	55,00
Elo Bola com suporte	3.500	75,00
Concha Elo 90°	1.300	150,00

No estoque de matérias-primas, a situação é a seguinte:

Matérias-primas		
Produto	Quant.	R$/Un.
Concha elo	3.000	50,00
Duplicador	2.500	20,00
Porca ¾ de aço	20.000	0,50
Parafuso ¾ de aço	30.000	0,60
Elo	5.000	20,00
Olhal bola	1.500	15,00
Conector de aterramento	2.300	25,00
Luva de emenda sem tensão	1.200	28,00

O armazém ocupa uma área de 1.500 m². Como parâmetro, o aluguel de um galpão industrial na mesma região custa, em média, R$ 20.000/mês. As despesas gerais do setor de almoxarifados com comunicação, materiais de escritório etc. chegam a R$ 5.000,00 mensais. Os gastos gerais com utilidades (eletricidade, ar comprimido, água, combustíveis etc.) debitados ao setor são de R$ 25.000,00/mês. Os custos de depreciação de todos os equipamentos (empilhadeiras, paleteiras, estruturas etc.) são de R$ 15.000,00 anuais.

Os seguintes funcionários trabalham no setor de almoxarifados:
» dois almoxarifes com salário de R$ 10,00/h;
» um auxiliar com salário de R$ 6,80/h;
» um supervisor com salário de R$ 15,00/h.

A jornada de trabalho é de 44 horas semanais – temos, em média, 4,3 semanas por mês –, e os funcionários recebem 13 salários ao ano. Os encargos sobre a folha de salários são de 90%. Assim, qual o custo anual de armazenagem da FORJASA, sendo a taxa de juros 20% ao ano?

Solução:
Para utilizarmos a fórmula do custo de armazenagem $CA = \{[(Q/2) \cdot P] + Dg\} \cdot T \cdot i$, precisaremos identificar cada um dos componentes, com base em seus dados.

Cálculo do estoque médio: $[(Q/2) \cdot P]$

Multiplicando a quantidade de cada item pelo seu valor (PA e MP), somando tudo e dividindo por 2, temos:

$[(Q/2) \cdot P] = R\$ 770.550,00$

Cálculo das despesas gerais (D_g)

Vejamos a tabela a seguir.

Item	Valor
Aluguel	R$ 20.000/mês × 12 meses = R$ 240.000,00
Salários + encargos	R$ 15.026,26/mês × 13 meses = R$ 195.341,43
Depreciação anual	R$ 15.000,00
Despesas burocráticas	R$ 5.000/mês × 12 meses = R$ 60.000,00
Utilidades	R$ 25.000/mês × 12 meses = R$ 300.000,00
Total D_g	R$ 810.341,43

Tempo de armazenagem (T)

Como todos os valores foram calculados para um ano, então consideraremos T = 1.

Juros (i)

A taxa de juros é de 20% ao ano.

Agora podemos calcular o custo anual de armazenagem:

$CA = \{R\$ 770.550,00 + R\$ 810.341,43\} \cdot 1 \cdot 0,2 \rightarrow CA = R\$ 316.178,29$

» Lotes de compra

O lote de compra é a quantidade a ser adquirida para a reposição dos estoques de um determinado item. Seu tamanho pode ser fixo ou variável, e sua determinação efetiva depende da avaliação das peculiaridades de cada organização. Examinaremos as duas situações mais recorrentes nas empresas: lote econômico de compra (LEC) e lote variável de compra (LVC).

››› Lote econômico de compra (LEC)

O aumento do volume de produção implica maior consumo de matérias-primas e demais componentes, o que obriga a empresa a fazer pedidos (lotes de compra) maiores ou com maior frequência. Se a empresa optar por pedidos menores e mais frequentes, verificará um aumento em seu custo de pedido. Embora minimizado, como já dissemos, pelos recursos da tecnologia da informação, ele ainda existe. Se optar por pedidos maiores e menos frequentes, verá aumentar seu estoque médio e, consequentemente, o custo de armazenagem e suas implicações.

A teoria do lote econômico de compra (LEC) preconiza a existência de um lote de tamanho Q, o qual equilibra os custos de pedido e de armazenagem, resultando no menor custo total possível. Graficamente, o LEC apresenta a configuração a seguir.

» Gráfico 2.6 – Lote econômico de compra

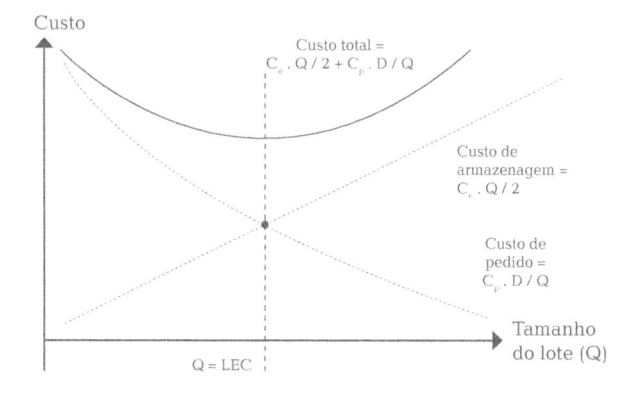

Custo

Custo total = $C_a \cdot Q/2 + C_p \cdot D/Q$

Custo de armazenagem = $C_a \cdot Q/2$

Custo de pedido = $C_p \cdot D/Q$

Tamanho do lote (Q)

Q = LEC

Para o cálculo do LEC, adota-se a seguinte fórmula:

$$Q = \sqrt{\frac{2 \cdot DA \cdot C_p}{C_e}}$$

Em que:
Q = lote econômico de compra;
DA = demanda anual para o item;
C_p = custo fixo para a emissão de pedido (unitário);
C_e = custo unitário de manutenção do estoque ($C_e = T_i \times U$).

Para a determinação dos valores de custo do pedido e do custo de manutenção do estoque, apresentaremos uma metodologia genérica, aplicável a todas as organizações. Os elementos de custo e seus respectivos percentuais e valores buscam demonstrar a metodologia de cálculo, sem limitar a possibilidade de inserções e/ou substituições em seu elenco. Cada empresa, evidentemente, encontrará os elementos de custo e os respectivos valores que lhe sejam mais apropriados, assim como saberá projetar os valores médios de estoque que lhe sejam cabíveis. Os valores e os percentuais devem ser revistos periodicamente, a fim de lhes conferir a necessária dinâmica para acompanhar o dia a dia das organizações. Vejamos o exemplo a seguir.

» Custo de pedido: valores mensais para empresas de porte médio

4 Compradores	R$ 14.000,00
1 Supervisor	R$ 10.000,00
1 Assistente/Secretária	R$ 2.500,00
1 Auxiliar de compras	R$ 1.500,00
Sistema, cópias, materiais, outros	R$ 750,00
Aluguel proporcional (60 m2)	R$ 1.265,00
Deslocamentos, viagens etc.	R$ 1.500,00
Total	R$ 31.515,00
Média de pedidos no mês (15/dia)	R$ 330
Custo de pedido: C_p	**R$ 95,50**

Ainda que a estrutura representada possa ser "enxugada" com os recursos da tecnologia da informação, como o EDI (*Electronic Data Interchange*), o custo de pedido estará presente, minimamente representado pelo sistema utilizado, seus custos de manutenção e a mão de obra necessária para operá-lo.

Vejamos agora o cálculo da taxa de manutenção do estoque, que chamaremos de T_i. A metodologia apresentada a seguir permitirá o detalhamento da taxa de juros do período (i), à qual nos referimos anteriormente e que integra a fórmula proposta para o cálculo do custo de armazenagem. Com essa fórmula, poderemos determinar o custo de manutenção do estoque, que, aplicado ao custo unitário de cada item do estoque, possibilitará o cálculo e a avaliação da aplicabilidade do LEC.

» Taxa de manutenção do estoque

Elementos do custo	Porcentagem do valor
Capital	15,0
Seguro	0,8
Impostos	2,2
Desvios, danos, deterioração	1,7
Obsolescência	0,3
Armazenagem	5,0
Taxa de manutenção do estoque (Ti)	25,0

$C_e = T_i \cdot U$ (sendo U o custo unitário de aquisição do item)

» Cálculo da taxa de armazenagem

Instalações físicas + Utilidades	R$ 45.000
Pessoal para movimentação (+ encargos)	R$ 105.000
Depreciação dos equipamentos	R$ 5.000
Manutenção dos equipamentos	R$ 10.000
Manutenção das instalações	R$ 12.000
Pessoal de manutenção predial	R$ 38.000

(*continua*)

(conclusão)

TOTAL	R$ 215.000
Valor médio estimado para o estoque	R$ 4.300.000
Taxa de armazenagem (215.000/4.300.000)	0,05 = 5,0%

Exemplo:
A empresa, cuja estrutura de custo de pedido e de custo de manutenção de estoque foi demonstrada nas tabelas anteriores, pretende aplicar o conceito do LEC para o item "engrenagem helicoidal EH-10". A demanda anual para o item é estimada em 18.000 unidades, e o custo de aquisição é de R$ 5,20/unidade, garantido para os próximos 12 meses. Nesse caso, pergunta-se:

Qual o tamanho Q do lote econômico de compra?
Qual o número de pedidos a se fazer durante o ano?
Qual o custo total do sistema utilizando-se o LEC?

Solução:

Lote econômico (Q)
C_p = R$ 95,50
T_1 = 0,25
U = R$ 5,20
$C_e = T_1 \cdot U = 0,25 \cdot 5,20$
C_e = R$ 1,30

$$Q = \sqrt{\frac{2 \cdot DA \cdot C_p}{C_e}} \rightarrow \sqrt{\frac{2 \cdot 18000 \cdot 95,50}{1,30}} \rightarrow Q = 1.626,23 \text{ unidades}$$

Número de pedidos (N)
N = DA / Q → N = 18.000 / 1.626,23 → N = 11,07 pedidos

Custo total (CT)
CT = Ce · Q / 2 + Cp · DA / Q
CT = 1,30 · 1.626,23 + 95,50 · 18.000 / 1.626,23
CT = 1.057,05 + 1.057,05
CT = 2.114,10

Como podemos observar, os dois componentes da equação do custo total apresentam o mesmo valor (ou muito próximo disso), corroborando o princípio teórico do LEC, que preconiza o equilíbrio entre eles exatamente no ponto em que o custo total é o mínimo possível. Para efeitos práticos, a gestão de suprimentos poderá promover pequenos arredondamentos no tamanho do lote "Q", sem efeitos significativos no resultado do custo total.

Restrições ao uso do lote econômico de compra

O modelo do LEC, apesar de ser o mais popular dentre aqueles para a determinação do lote de compra no sistema de reposição contínua, já desfrutou de mais prestígio na gestão de estoques, especialmente no Ocidente. A partir da metade da década de 1980, as filosofias japonesas de gestão da produção, como o JIT e o Kanban, impuseram perdas significativas ao prestígio do LEC. Além disso, a competitividade obrigou as organizações a se tornarem cada vez mais flexíveis, utilizando modernas ferramentas de gestão, como o SIM (sistema integrado de manufatura), o MRP-II, que será descrito adiante, e a gestão estratégica da qualidade, o que lhes confere agilidade e confiabilidade nas respostas ao mercado.

Diante dessas considerações, o LEC merece algumas críticas. Vamos citar algumas:

» O modelo, ao buscar os custos mínimos, parte do princípio errôneo de que os recursos financeiros da organização são inesgotáveis.
» Ele se mostra pouco sensível às mudanças de quantidade, ou seja, mesmo que o lote adquirido seja diferente do lote econômico, o custo total varia pouco.
» O modelo considera que o consumo é invariável no período em questão, que geralmente é de um ano. Como isso não ocorre na prática, obriga a um dimensionamento muito preciso do estoque de segurança.
» O LEC não leva em conta as dificuldades que o fornecedor pode encontrar, sua capacidade produtiva ou a eventualidade de este ter um lote mínimo de fornecimento.

- » Não é raro acontecer de o lote determinado ser incompatível com o tamanho mínimo para um custo econômico de transporte.
- » Em muitos casos, principalmente em razão dos sistemas informatizados e integrados entre cliente e fornecedor, é difícil reunir as informações necessárias para calcular o custo de um pedido de compra.

» Questão para reflexão

Leia o excerto abaixo, extraído do texto "Planejar estoque para reduzir as perdas" (2008), publicado no *site* do jornal *O Estado de S. Paulo*.

"Manter uma margem de erro de 10% além da previsão de vendas é um meio de não deixar que a mercadoria falte para o consumidor. De acordo com Brito, a essa margem se dá o nome de cobertura de estoque. 'Esse estoque de segurança é que garante o nível de serviço, ou seja, garante que o cliente não sairá do ponto de venda sem o produto'. Para Abrantes, o ideal é não ter estoque. 'Cada vez mais, a tendência é reduzir o espaço de reserva e aumentar o espaço de vendas, mas, como essa é uma realidade possível somente para as grandes redes, é interessante ter um estoque o mais próximo possível da realidade de vendas'".

Você concorda com Brito ou com Abrantes? Caso discorde dos dois entrevistados, quais são os motivos que levaram você a ter ideias contrárias?

››› Lote variável de compra (LVC)

A adoção do lote variável de compra (LVC) nos remete ao conceito de estoque objetivo. Este interfere no LVC, tornando-o mais ou menos variável conforme as necessidades no momento da revisão.

O tamanho do lote será dado por:

$LVC = EO - E_{mr}$

Em que:

LVC = lote variável de compra;
EO = estoque objetivo;
E_{mr} = estoque no momento da revisão.

Para o estabelecimento do estoque objetivo, inicialmente deve ser determinado um período de revisão dos estoques. Levam-se em consideração a demanda, o tempo de reposição acordado com o fornecedor e a possível necessidade de estoque de segurança. Unindo os termos numa única equação, temos:

$EO = D \cdot (PR + TR) + E_S$

Em que:

EO = estoque objetivo;
D = demanda;
PR = período de revisão dos estoques;
TR = tempo de reposição;
E_S = estoque de segurança;

Se tivéssemos, por exemplo, os seguintes parâmetros:

PR = 2 semanas
TR = 1 semana
D = 180 un./semana
E_S = 10 un.

Nosso estoque objetivo seria:

$EO = 180 \cdot (2 + 1) + 10 \rightarrow EO = 550$ un.

Suponhamos, ainda, que o estoque, no momento da revisão, fosse Emr = 120 unidades. O lote de compra seria: LVC = 550 − 120 → LVC = 430 un. Assim, no momento da revisão periódica dos estoques, o LVC será determinado pela diferença entre o estoque objetivo (estoque máximo determinado) e o estoque existente naquele momento. Um risco ao qual se fica sujeito é que, num pico de demanda, o produto poderá faltar. Graficamente, o sistema fica representado como segue:

» Gráfico 2.7 – **Representação gráfica do lote variável de compra**

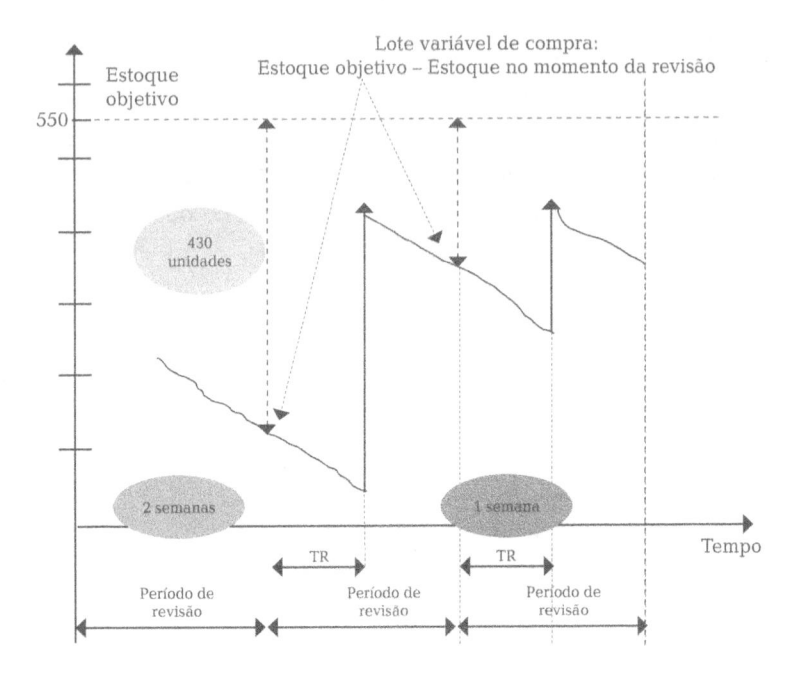

» MRP e MRP II

A competitividade acirrada que se instalou no cenário organizacional, particularmente a partir de meados da década de 1980, exigiu e continua a exigir das empresas respostas rápidas e estruturas flexíveis. Os cinco objetivos estratégicos da produção – qualidade, velocidade, confiabilidade, flexibilidade e custo – são constantemente desafiados por consumidores cada vez mais exigentes e produtos com ciclos de vida cada vez menores.

Desagradar clientes nunca foi uma boa prática e, em um ambiente complexo e desafiador como esse, é sinônimo de "suicídio" empresarial. Como conciliar, então, um grau de atendimento excelente, que exige estoque elevado, com a flexibilidade necessária para assimilar súbitas mudanças na programação, que frequentemente inflam os custos e comprometem os estoques?

Resultados animadores têm sido alcançados com a evolução dos sistemas de planejamento e gestão de materiais, cuja crescente informatização, aliada a práticas gerenciais eficazes, permite adequar convenientemente o tamanho dos estoques às necessidades da demanda.

››› O sistema MRP

O MRP, sigla do inglês *Materials Requirements Planning* (em português, "planejamento das necessidades de materiais"), trata especialmente da demanda dependente, ou seja, aquela cujo planejamento do suprimento de itens, subconjuntos e conjuntos depende da quantidade demandada por um determinado produto final. Por exemplo: para uma montadora de automóveis, a quantidade de pneus que irá utilizar dependerá do número de veículos que montará.

Os recursos colocados à disposição pela informática e pelos sistemas de informação em geral permitem ao MRP recalcular imediatamente as necessidades de materiais a cada mudança ocorrida na programação da produção, bem como nos registros de estoques ou no projeto do produto. Com a fixação de regras de decisão e procedimentos operacionais, o sistema determina o que, quando e quanto comprar ou fabricar de cada item para atender às necessidades produtivas. Seus objetivos fundamentais são:

» assegurar ao PPCP (planejamento, programação e controle da produção) a disponibilidade dos materiais e componentes necessários à demanda produtiva;

» garantir o cumprimento dos prazos de entrega aos clientes;
» manter os estoques nos menores níveis (quantidades) possíveis;
» subsidiar o planejamento da manufatura, do suprimento e da programação da distribuição.

O sistema MRP, entretanto, não avalia as capacidades das máquinas, dos equipamentos e das pessoas para o cumprimento de programas de produção. Essa função só foi adicionada aos sistemas com a expansão da capacidade de processamento dos computadores e com a chegada dos microcomputadores, cada vez mais poderosos e mais baratos.

O tratamento inteligente dispensado aos materiais estendeu-se às máquinas, aos equipamentos, à mão de obra e demais insumos, ganhando a sigla MRP II, que designa o *Manufacturing Resources Planning*, ou, para nós, "planejamento dos recursos de manufatura". Com a evolução de suas versões, mais sofisticadas e completas, tem sido comum a denominação de *ERP (Enterprises Resourses Planning)*.

››› O sistema MRP II

O MRP II ultrapassa as possibilidades do MRP. Além dos cálculos da disponibilidade de materiais e suas datas, estabelece uma sequência de prioridades para ações e regras decisórias, com a finalidade precípua de atender às necessidades do cliente. Os principais componentes do MRP II estão descritos nos itens a seguir.

Estrutura analítica de produto

Também conhecida como *árvore de produto*, permite a visualização, com base na "explosão" do produto final, das relações de dependência entre todos os componentes de um produto. É a parte mais trabalhosa e mais importante para o bom funcionamento do sistema. Em virtude de seu caráter eminentemente técnico, fica normalmente sob a supervisão da engenharia de produtos, que deve mantê-la sempre atualizada. A maioria dos modernos *softwares* MRP II aceita a inclusão de modificações programadas, efetivando-as nas datas previstas pela engenharia. Trata-se da ECO (*Engineering Changer Order*), que pode ser livremente traduzido para "ordem de mudança da engenharia".

Um exemplo da estrutura analítica de produto pode ser visto no esquema a seguir:

» Figura 2.6 – Estrutura analítica de produto

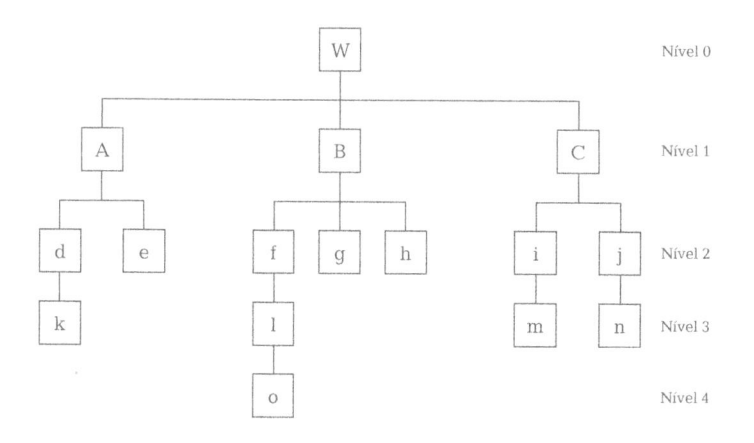

```
                            ┌───┐
                            │ W │                    Nível 0
                            └─┬─┘
            ┌─────────────────┼─────────────────┐
          ┌─┴─┐             ┌─┴─┐             ┌─┴─┐
          │ A │             │ B │             │ C │  Nível 1
          └─┬─┘             └─┬─┘             └─┬─┘
         ┌──┴──┐         ┌────┼────┐         ┌──┴──┐
       ┌─┴─┐ ┌─┴─┐     ┌─┴─┐┌─┴─┐┌─┴─┐     ┌─┴─┐ ┌─┴─┐
       │ d │ │ e │     │ f ││ g ││ h │     │ i │ │ j │ Nível 2
       └─┬─┘ └───┘     └─┬─┘└───┘└───┘     └─┬─┘ └─┬─┘
       ┌─┴─┐           ┌─┴─┐               ┌─┴─┐ ┌─┴─┐
       │ k │           │ l │               │ m │ │ n │ Nível 3
       └───┘           └─┬─┘               └───┘ └───┘
                       ┌─┴─┐
                       │ o │                          Nível 4
                       └───┘
```

No esquema apresentado, o produto acabado W é "explodido" em todos os seus componentes, contemplando-se conjuntos, subconjuntos e componentes. A relação de dependência entre os itens pode ser constatada ao observarmos, por exemplo, que a demanda do item o depende da demanda do item i, o qual depende da demanda do item f, que, por sua vez, depende da demanda do conjunto B. Todos, finalmente, dependem da demanda do produto final W, cuja demanda é independente, ou seja, deriva das solicitações vindas do mercado consumidor.

Lista de materiais

Conhecida também como BOM (*Bill of Material*), a lista de materiais é o documento que concentra todas as informações necessárias à fabricação do produto. Como se fosse uma receita para se aviar na farmácia de manipulação, ela contém ingredientes e dosagens descritos em detalhes. Estão ali os tipos e as quantidades precisas de matéria-prima, componentes e insumos necessários ao processo. Além disso, ela mostra a relação de dependência dos itens entre si e com o produto acabado e especifica quando os materiais devem estar disponíveis. Embora alguns especialistas insistam em considerar a lista de materiais e a estrutura analítica como a mesma coisa, nossa experiência prática mostra que a BOM, na verdade, deriva da estrutura analítica e contém mais informações do que esta (ver exemplo na Figura 2.6).

Plano mestre de produção

Conhecido pela sua sigla em inglês – MPS (*Master Production Schedule*), esse plano retrata aquilo que deve ser efetivamente produzido. Deriva das previsões de vendas e dos pedidos em carteira e envolve a programação das máquinas e as necessidades de mão de obra. Como as demandas estão sujeitas a alterações, o sistema MRP deve considerá-las e atualizar todos os dados. Bons sistemas fazem tais atualizações de forma imediata, e alguns (muito poucos) atualizam os dados apenas uma vez por dia.

Codificação de materiais

A codificação contém as especificações completas das matérias-primas e dos componentes em geral que integram cada item a ser utilizado no produto.

››› Vantagens e desvantagens do MRP e do MRP II

A utilização dos sistemas apresenta muitas vantagens, entre as quais se destacam:

» Ferramenta de planejamento: **É muito útil no planejamento de manufatura, logística, mão de obra, equipamentos e demais insumos de produção. Também pode ser utilizada no planejamento de** *marketing* **e finanças. Por ser um sistema de informação, possibilita sua distribuição por toda a organização.**

» Instrumento de simulação: **Permite a análise de diferentes cenários de demanda, auxiliando na tomada de decisões estratégicas em função dos efeitos simulados.**

» Análise de custos: **A chamada** *explosão do produto* **em seus mínimos componentes evidencia todas as necessidades de materiais e insumos, trazendo para o analista um conhecimento completo do produto e de todo o seu processo, o que facilita o cálculo detalhado do custo de cada produto.**

Em relação às desvantagens, uma deficiência desses sistemas é a sua incapacidade de planejar melhorias no processo ou de propor situações de redução de desperdícios. Essa deficiência, no entanto, pode ser minimizada pela sua utilização com a filosofia JIT, com a qual são perfeitamente compatíveis.

» Esquemas simplificados do MRP e do MRP II

Reduzindo o esquema de funcionamento dos sistemas MRP e MRP II a uma representação por blocos lógicos, chegamos às figuras que se seguem.

» Figura 2.7 – Esquema simplificado do sistema MRP

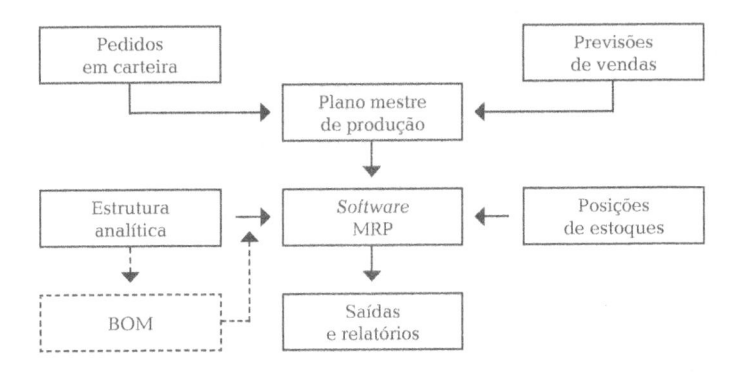

```
     ┌─────────────┐                          ┌─────────────┐
     │  Pedidos    │                          │  Previsões  │
     │ em carteira │                          │  de vendas  │
     └──────┬──────┘                          └──────┬──────┘
            │         ┌─────────────────┐            │
            └────────▶│  Plano mestre   │◀───────────┘
                      │  de produção    │
                      └────────┬────────┘
                               │
     ┌─────────────┐   ┌───────▼─────────┐   ┌─────────────┐
     │  Estrutura  │──▶│    Software     │◀──│  Posições   │
     │  analítica  │   │      MRP        │   │ de estoques │
     └──────┬──────┘ ▲ └────────┬────────┘   └─────────────┘
            │        ¦          │
            ▼        ¦          ▼
     ┌ ─ ─ ─ ─ ─ ─ ┐ ¦  ┌─────────────┐
     │     BOM     │─ ─   │   Saídas    │
     └ ─ ─ ─ ─ ─ ─ ┘    │ e relatórios│
                        └─────────────┘
```

Utilizando o mesmo princípio lógico do cálculo das necessidades, o MRP II surge como uma evolução de seu antecessor e amplia o alcance deste, possibilitando integrar o planejamento das áreas operacionais e financeiras. Esquematicamente, temos:

» Figura 2.8 – **Esquema simplificado do MRP II**

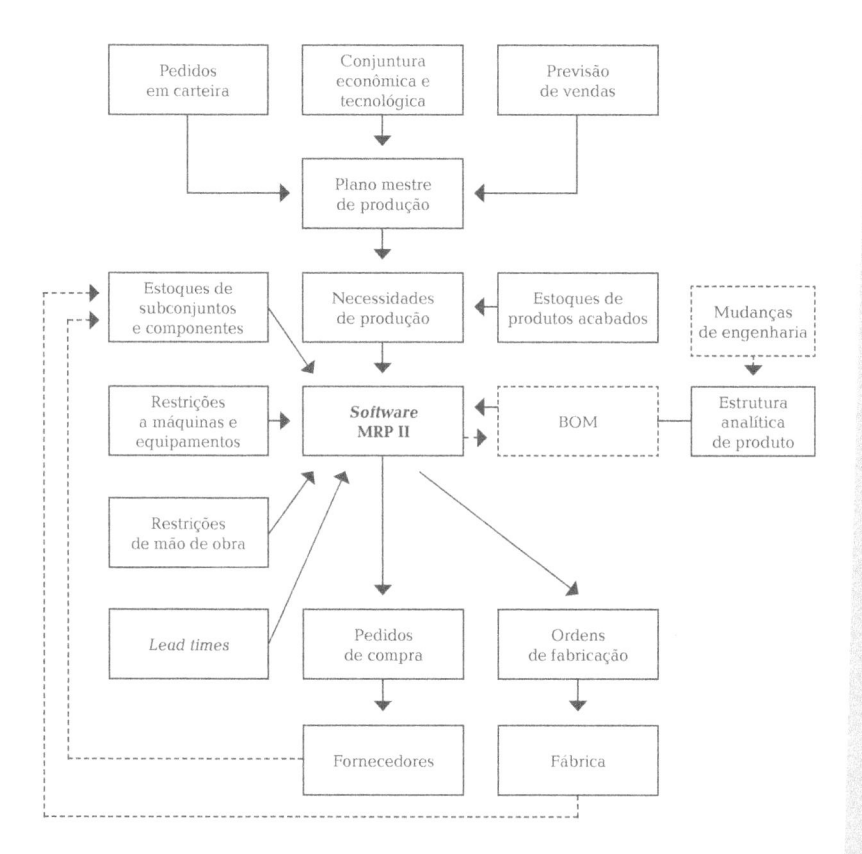

Com intuito de ilustrar o sistema MRP, apresentamos a seguir uma típica lista de materiais.

» Tabela 2.3 – Lista de materiais

Item			Unidade	Consumo unitário	Tempo de entrega (sem.)	Quantia req.	Estoque de segurança	Fornecedor	
Nome	Código	Nível						Interno	Externo
Mesa	MP 1000	0	Unidade	-	1	LL	-	X	
Tampo	MP 1100	1	Unidade	1	1	LL	10	X	
Pranchão	MP 1110	2	Unidade	3	3	LL	30		x
Cola	MP 1400	2	Kg	0,080	1	M 5	5		X
Parafuso	MP 1300	1	Unidade	8	1	M 500	100		X
Suporte	MP 1200	1	Unidade	1	-	LL	-	X	
Parafuso	MP 1300	2	Unidade	2	1	M 500	100		X
Pé	MP 1210	2	Unidade	4	1	LL	40	X	
Cedro	MP 1211	3	m³	0,00288	2	LL	2		X
Trav. 15	MP 1220	2	Unidade	4	1	LL	40	X	
Angelim	MP 1221	3	m³	0,00240	2	LL	2		X
Tr. Lat. 6	MP 1230	2	Unidade	2	2	M 100	20		X
Tr. Transv. 6	MP 1240	2	Unidade	1	1	LL	10	X	
Cedro	MP 1211	3	m³	0,00096	2	LL	2		X
Cola	MP 1400	2	Kg	0,050	1	M 5	5		X

Fonte: Adaptado de Martins; Laugeni, 1998, p. 222.

Na coluna "Quantia requisitada", aparecem as siglas LL e M, que se referem, respectivamente, a lote líquido e múltiplo de. Quando se trata de "lote líquido", significa que se pode requisitar exatamente aquilo que se vai utilizar. No caso de "múltiplo de", significa que o material é fornecido em quantidades fixas, como: múltiplo de 5, ou múltiplo de 100, ou, ainda, múltiplo de 500.

››› Determinação de quantidades e datas de liberação de pedidos

Vejamos de que forma os sistemas MRP e MRP-II determinam quanto e quando se vai comprar ou produzir. No exemplo que se segue, simula-se a tela típica dos sistemas e a lógica por eles utilizada. Para simplificar, nossa unidade de tempo será de 1 semana e nosso horizonte de planejamento será de 7 semanas. O prazo de entrega será no fim da semana 7.

> A empresa Chocante Equipamentos Eletrônicos (CEE) tem uma encomenda de 100 unidades para o seu amplificador de pulsos magnéticos APM-8. O prazo de entrega é de 7 semanas. A estrutura analítica do produto, os estoques disponíveis e os respectivos prazos de entrega são dados a seguir. Determine as necessidades líquidas e os pontos de encomenda de cada componente, de modo a atender ao pedido.

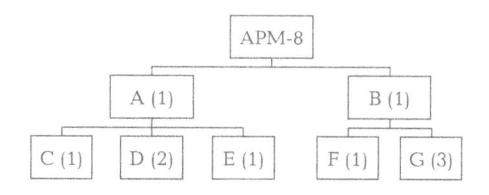

```
                    APM-8
                   /      \
                A (1)    B (1)
               / | \      / \
           C(1) D(2) E(1) F(1) G(3)
```

Item	Estoque disponível	Prazo (semanas)
APM-8	20	2
A	20	1
B	10	2
C	30	2
D	30	3
E	25	1
F	15	2
G	10	1

Os números entre parênteses indicam a quantidade de cada item utilizada para a montagem de 1 (uma) unidade do APM-8.

Solução:
Vamos organizar os dados e dispô-los de forma a refletir o visual e a lógica utilizada pelo *software* para determinar as necessidades e os prazos.

	Produto APM-8	\multicolumn{7}{c}{Semanas}						
		1	2	3	4	5	6	7
	Necessidade bruta							100
Código: APM-8	Recebimento previsto							
QR = LL	Estoque disponível (20)	20	20	20	20	20	20	20
TA = 2	Necessidade líquida							80
$E_s = 0$	Liberar pedido						80	

Ao alimentarmos o sistema com as informações sobre quantidades, estoques e prazos de entrega, ele assume os seguintes parâmetros:

» Necessidade bruta: Quanto e quando o item será necessário.
» Recebimento previsto: Quantidades eventualmente encomendadas ou em fabricação.
» Estoque disponível: Quantidade do item eventualmente em estoque.
» Necessidade líquida: Quantidade efetivamente necessária do item, já descontada do recebimento previsto e do estoque disponível.
» Liberar pedido: Data na qual deve ser liberado o pedido de compra ou ordem de fabricação, considerando-se o TA (tempo de abastecimento, ou *lead time*) e a data de entrega. No nosso caso, consideramos sempre o fim da semana em questão.

Assim, a lógica do sistema calcula o "quanto" e o "quando" da seguinte forma:

Quanto

$$NL = NB - (RP + ED) + E_s$$

Em que:

NL = necessidade líquida;
NB = necessidade bruta;
RP = recebimento previsto;

ED = estoque disponível;
E_s = estoque de segurança.

Quando

LP = DE – TA

Em que:

LP = liberar pedido;
DE = data da entrega;
TA = tempo de abastecimento.

Para o APM-8, temos:

NL = NB – (RP + ED) + E_s
NL = 100 – (0 + 20) + 0
NL = 80
LP = DE – TA → LP = fim da semana 7 – 2 semanas
LP = fim da semana 5

No fim da semana 5, deve ser liberada uma ordem de fabricação para a montagem de 80 unidades do APM-8. Aplicando a mesma metodologia aos demais itens, teremos:

	Subconjunto A	Semanas						
		1	2	3	4	5	6	7
	Necessidade bruta					80		
Código: A	Recebimento previsto							
QR = LL	Estoque disponível (20)	20	20	20	20	20		
TA = 1	Necessidade líquida					60		
E_s = 0	Liberar pedido				60			

Montaremos 80 unidades do APM-8, pois temos 20 unidades em estoque. Como utilizamos 1 unidade do subconjunto A para cada unidade do APM-8, nossa necessidade bruta será de NBA = 1 · 80 = 80 unidades de A. Teremos, então:

NL_A = 80 – (0 + 20) + 0 → NL_A = 60 unidades

Essa quantidade deverá estar disponível no fim da semana 5 para que possamos montar as unidades do APM-8 no prazo contratado. Assim:
LP_A = fim da semana 5 – 1 semana

LP_A = fim da semana 4

Subconjunto B		Semanas						
		1	2	3	4	5	6	7
	Necessidade bruta					80		
Código: B	Recebimento previsto							
QR = LL	Estoque disponível (10)	10	10	10	10	10		
TA = 2	Necessidade líquida					70		
E_S = 0	Liberar pedido			70				

$NB_B = 1 \cdot 80 = 80$ unidades de B no fim da semana 5
$NL_B = 80 - (0 + 10) + 0 \rightarrow NL_B = 70$ unidades
LP_B = fim da semana 5 – 2 semanas
LP_B = fim da semana 3

Item C		Semanas						
		1	2	3	4	5	6	7
	Necessidade bruta				60			
Código: C	Recebimento previsto							
QR = LL	Estoque disponível (30)	30	30	30	30			
TA = 2	Necessidade líquida							
E_S = 0	Liberar pedido		30					

$NB_C = 1 \cdot 60 \cdot 1 = 60$ unidades de C no fim da semana 4
$NL_C = 60 - (0 + 30) + 0 \rightarrow NL_C = 30$ unidades

O subconjunto A deverá ser montado até o fim da semana 5. Como seu TA é de 1 semana, seus componentes deverão estar disponíveis até o fim da semana 4. Assim:
LP_C = fim da semana 4 – 2 semanas
LP_C = fim da semana 2

	Item D	Semanas						
		1	2	3	4	5	6	7
	Necessidade bruta				120			
Código: D	Recebimento previsto							
QR = LL	Estoque disponível (30)	30	30	30	30			
TA = 3	Necessidade líquida				90			
$E_s = 0$	Liberar pedido	90						

$NB_D = 2 \cdot 60 \cdot 1 = 120$ unidades de D no fim da semana 4

$NL_D = 120 - (0 + 30) + 0 \rightarrow NL_D = 90$ unidades

LP_D = fim da semana 4 – 3 semanas → LP_D = Fim da semana 1

	Item E	Semanas						
		1	2	3	4	5	6	7
	Necessidade bruta				60			
Código: E	Recebimento previsto							
QR = LL	Estoque disponível (25)	25	25	25	25			
TA = 1	Necessidade líquida				35			
$E_s = 0$	Liberar pedido			35				

$NB_E = 1 \cdot 60 \cdot 1 = 60$ unidades de E no fim da semana 4

$NL_E = 60 - (0 + 25) + 0 \rightarrow NL_E = 35$ unidades

LP_E = fim da semana 4 – 1 semana → LP_E = fim da semana 3

	Item F	Semanas						
		1	2	3	4	5	6	7
	Necessidade bruta			70				
Código: F	Recebimento previsto							
QR = LL	Estoque disponível (15)	15	15	15				
TA = 2	Necessidade líquida			55				
$E_s = 0$	Liberar pedido	55						

$NB_F = 1 \cdot 70 \cdot 1 = 70$ unidades de F no fim da semana 3
$NL_F = 70 - (0 + 15) + 0 \rightarrow NL_F = 55$ unidades
LP_F = fim da semana 3 – 2 semanas $\rightarrow LP_F$ = fim da semana 1

	Item G	Semanas						
		1	2	3	4	5	6	7
	Necessidade bruta			210				
Código: G	Recebimento previsto							
QR = LL	Estoque disponível (10)	10	10	10				
TA = 1	Necessidade líquida			200				
$E_s = 0$	Liberar pedido		200					

$NB_G = 3 \cdot 70 \cdot 1 = 210$ unidades de G na semana 3
$NL_G = 210 - (0 + 10) + 0 \rightarrow NL_G = 200$ unidades
LP_G = fim da semana 3 – 01 semana $\rightarrow LP_G$ = fim da semana 2

Em ordem cronológica, a fim de balizar o planejamento, o sistema nos dará o seguinte resumo:

Semana	Ação
1	Liberar ordem de compra de 90 unidades do item D
1	Liberar ordem de compra de 55 unidades do item F
2	Liberar ordem de compra de 30 unidades do item C
2	Liberar ordem de compra de 200 unidades do item G
3	Liberar ordem de fabricação de 70 unidades do subconjunto B
3	Liberar ordem de compra de 35 unidades do item E
4	Liberar ordem de fabricação de 60 unidades do subconjunto A
5	Liberar ordem de fabricação de 80 unidades do produto APM-8

» Para saber mais

CORRÊA, L. H.; GIANESI, I. G. N. *Just in Time, MRP II e OPT*: um enfoque estratégico. São Paulo: Atlas, 1993.
Se você está interessado em ampliar seus conhecimentos a respeito dos sistemas de administração de produção *Just in Time* e MRP II, uma ótima opção é realizar a leitura dessa obra de Gianesi e Corrêa. Nesse livro, você encontrará estratégias para lidar com a competitividade do mercado atual e identificará diversos objetivos identificará que podem ser perseguidos pelas instituições para superar os desafios relacionados às modernas técnicas de administração da produção.

» Exercícios resolvidos

1) O consumo de uma peça é de 120.000 unidades ao ano. Seu preço unitário, fixo no período, é de R$ 5,00, e o custo de emissão de um pedido está estimado em R$ 100,00. A taxa de manutenção do estoque é de 20% ao ano. Determine o lote econômico, o número anual de pedidos e o custo total do sistema.

Solução:

$$Q = \sqrt{\frac{2 \cdot DA \cdot C_p}{C_e}} \rightarrow \sqrt{\frac{2 \cdot 120.000 \cdot 100}{1}} \rightarrow Q = 4898,97, \text{ ou seja, } 5.000 \text{ unidades}$$

$$N = \frac{DA}{Q} = \frac{120.000}{500} = 24 \text{ pedidos ao ano}$$

$CT = C_e \cdot Q/2 + C_p \cdot DA/Q$
$CT = R\$ 1,00 \cdot 5.000 / 2 + R\$ 100,00 \cdot 120.000 / 5.000 = R\$ 2.500,00 + R\$ 2.400,00 = R\$ 4.900,00$.

2) Calcule o custo de armazenagem anual do eixo E-35 e também o de todo o estoque de uma empresa cujos dados gerais são:
   » 300 eixos E-35 em estoque, a R$ 20,00/unidade;
   » R$ 1.500.000,00 de estoque total, incluindo o E-35;
   » R$ 15.000,00 de gastos gerais com pessoal;
   » 80% de encargos da folha salarial;
   » R$ 75.000,00 de gastos gerais da área de armazenagem;
   » juros de 20% ao ano.

   Solução:
   Custo de armazenagem anual do eixo E-35: $CA = Q/2 \cdot P \cdot T \cdot i$

   $CA = \dfrac{300}{2} \cdot R\$\ 20,00 \cdot 1 \cdot 0,2 = R\$\ 600,00$

   Custo de armazenagem anual de todo o estoque: $CA = \{[(Q/2) \cdot P] + D_g\} \cdot T \cdot i$
   $CA = \{[(R\$\ 1.500.000,00 / 2) + D_g\} \cdot 1 \cdot 0,2$
   $D_g = R\$\ 75.000,00 + (R\$\ 15.000 \cdot 1,8) = R\$\ 102.000,00$
   $CA = \{R\$\ 750.000,00 + R\$\ 102.000,00\} \cdot 1 \cdot 0,2 = R\$\ 170.400,00$

3) São utilizados 2 parafusos de modelo M5 × 25 mm na montagem do produto GAP-25. Os parafusos só podem ser adquiridos em lotes múltiplos de 20 unidades (M-20), e o prazo de entrega é de duas semanas a partir do pedido. Existem 10 unidades no estoque e um recebimento previsto de 20 unidades para a semana 3. Serão montadas 30 unidades do GAP-25 na semana 4 e mais 50 unidades na semana 8. Pergunta-se:
   a. Quantos parafusos são necessários e quando devem ser solicitados para atender à demanda da semana 4?
   b. Quantos parafusos são necessários e quando devem ser solicitados para atender à demanda da semana 8?
   c. Qual é o estoque disponível de parafusos a partir da semana 9?

Solução:
a. Cálculo das necessidades e dos prazos para a semana 4:
NB = 2 · 30 = 60 unidades
NL = NB − (RP + ED) +E_s NL = 60 − (20 + 10) +0 → NL = 30 unidades.
Como só é possível adquirir lotes múltiplos de 20 unidades, devemos assumir NL = 40 unidades.
LP = DE − TA
LP = fim da semana 4 − 2 semanas
LP = fim da semana 2

b. Cálculo das necessidades e dos prazos para a semana 8:
NB = 2 · 50 = 100 unidades.
Como a NL para a semana 4 é de 30 unidades e compramos 40, temos 10 no estoque. Assim: NL = 100 − (0 + 10) + 0 → NL = 90 unidades.
Só podemos comprar múltiplos de 20; portanto, assumiremos NL = 100 unidades.
LP = DE − TA
LP = fim da semana 8 − 2 semanas
LP = fim da semana 6

c. Estoque a partir da semana 9:
Temos 10 unidades no estoque e liberamos uma ordem de compra de 100 unidades na semana 6. Então, na semana 8, teremos 110 unidades disponíveis para uma NB = 100 unidades. Portanto, sobrarão 10 unidades no estoque a partir da semana 9.
Resumo:

Semana	Ação
2	Liberar ordem de compra de 40 unidades do parafuso M5 × 25 mm.
6	Liberar ordem de compra de 100 unidades do parafuso M5 × 25 mm.

O planejamento das necessidades do item, na tela do sistema, será:

Item parafuso M5 x 25 mm		Semanas								
		1	2	3	4	5	6	7	8	9
	Necessidade bruta				60				100	
Código: M5 x 25 mm	Recebimento previsto			20						
QR = M-20	Estoque disponível (10)	10	10	30	70	10	10	10	110	10
TA = 2	Necessidade líquida				30				90	
$E_s = 0$	Liberar pedido		40				100			

» Estudo de caso

››› Laticínios M. Leka

A empresa Laticínios M. Leka, fundada em abril de 1970, pertence ao Grupo Boi Bom e iniciou suas atividades como uma distribuidora local dos derivados do leite produzido na fazenda do grupo. Originalmente localizada nas dependências dessa fazenda, a empresa apresentou um crescimento discreto, porém constante, demonstrando desde o início o acerto na decisão de investir no negócio. A partir do início da década de 1980, mudou-se para o centro comercial da região, ocupando as instalações de um antigo frigorífico que havia sido transferido da cidade. Com instalações mais amplas e maior capacidade de armazenagem, passou a oferecer maior variedade de itens, assumindo também a distribuição de produtos de outras empresas.

A partir de meados de 1985, a chegada de empresas industriais impulsionou a economia e transformou a cidade em um polo econômico da região, provocando grande crescimento na demanda da M. Leka. Em julho de 1990, a empresa transferiu-se para novas instalações, ocupando uma área de 5.000 m² na principal avenida da cidade, com amplo estacionamento e facilidades de acesso. A ocupação crescente do espaço de armazenagem e a variedade de itens oferecidos levaram a empresa a criar o cargo de gerente de suprimentos, ocupado recentemente por Maria Dora Leite.

Já na sua primeira semana de trabalho, Maria percebeu as razões que motivaram sua contratação. Ao solicitar informações sobre a movimentação recente de entradas e saídas dos estoques, recebeu um extenso relatório computadorizado e a seguinte nota explicativa:

"Seguem os dados solicitados. São de excelente confiabilidade, já que fizemos recentemente uma criteriosa contagem física dos itens em estoque. Na última coluna da esquerda, você encontrará os níveis de serviço a clientes que temos praticado. Lamentavelmente, não temos informações reunidas sobre algumas das linhas de produto que você nos solicitou, por serem muito recentes. Sucesso em sua nova função, e conte conosco para o que precisar."

Diante da situação, ela resolveu selecionar, ao acaso, uma amostra de 100 itens para reunir informações sobre pontos de encomenda, níveis de serviço e dimensionamento de estoques. Os resultados a surpreenderam:

» Havia acúmulo de estoques de produtos errados.
» Apesar de ter, em média, 70 dias de estoque, o nível de serviço não parecia adequado.
» Nos últimos seis meses, cerca de 12% da demanda foi perdida para distribuidores concorrentes na região, apesar dos esforços em atender pendências com agilidade.

Maria Dora Leite sabia que, para consolidar sua posição, precisava apresentar resultados positivos em curto prazo. Como o custo das faltas estava relativamente alto quando comparado ao custo de manter estoques, principalmente pela perda de clientes, ela entendeu que um nível de serviço adequado otimizaria os lucros. Decidiu concentrar-se na principal linha de produtos, representada por queijos, requeijões e iogurtes. A demanda real agregada dessa linha de produtos, durante as primeiras 30 semanas do ano, é mostrada na tabela a seguir.

Semana	Ton.	Semana	Ton.	Semana	Ton.	Semana	Ton.	Semana	Ton.
01	1,2	08	1,0	15	1,1	22	0,9	29	0,9
02	1,0	09	1,4	16	0,9	23	1,0	30	1,0
03	1,1	10	1,2	17	1,3	24	1,0		
04	1,5	11	0,8	18	1,0	25	1,2		
05	1,2	12	1,2	19	1,2	26	1,1		
06	0,9	13	1,0	20	1,5	27	1,0		
07	1,1	14	1,0	21	1,1	28	1,2		

Uma revisão em outros documentos revelou a utilização de um tamanho de lote de 5 t com um tempo de abastecimento de 2 semanas. Não há estoque disponível, 1 t está pendente e há um recebimento de 5 t programado. O preço médio de atacado que a M. Leka cobra de seus clientes nessa linha de produtos é de R$ 52,00/kg. Como a demanda é muito grande, não há descontos por quantidade e a margem bruta obtida com a atual política de compras é, em média, de 30% sobre o preço de atacado. A taxa de manutenção de estoque (Ti), considerados os custos de capital, seguros, impostos e perdas, é de 25% do investimento em estoques. Nesse percentual estão contempladas, também, as despesas de armazenagem, como instalações e sua manutenção. O custo para emissão de pedidos na M. Leka é de R$ 90,00.

Em seu computador, com todos esses dados disponíveis, Maria Dora Leite começou a preparar um estudo para convencer a diretoria do Grupo Boi Bom a adotar modernas práticas de gestão de suprimentos.

Solução:

Maria dispunha de muitos dados e lembrou-se de um antigo professor que sempre dizia que informações são dados tratados de forma inteligente. Começou, portanto, a submeter aquele oceano de dados a um processamento criterioso, de modo a obter as informações de que tanto necessitava para apoiar suas futuras decisões. Começou por tópicos, metodicamente, utilizando cada informação como suporte para os passos seguintes.

Nível de serviço

Tendo consciência de que, à medida que aumenta a percentagem média de atendimento aos clientes, aumenta também o custo dos estoques, Maria Dora investigou a influência dos níveis de estoque no porcentual de atendimento e na lucratividade da empresa. Os últimos cinco meses de levantamento dos principais itens da linha de produtos escolhida revelaram o seguinte:

Porcentagem média de atendimento aos clientes	Nível médio semanal de estoques (R$)	Custo de estoques semanais (R$)	Receita média de vendas semanais (R$)
80%	27.500,00	550,00	900,00
85%	30.000,00	600,00	1.100,00
90%	35.000,00	700,00	1.300,00
95%	40.000,00	800,00	1.600,00
98%	50.000,00	1.000,00	1.700,00

Analisando o quadro obtido, Maria concluiu que o maior lucro ocorre quando o nível de serviço está em 95%. Sua primeira decisão estava bem embasada.

Custo médio de compra

No relatório recebido, não aparecia o custo médio de aquisição dos produtos. Consultando os dados disponíveis, ela percebeu que tinha o preço de venda e a margem bruta. Com base nisso, determinou como custo de aquisição:

Custo · Margem = Preço
C · 1,3 = R$ 52,00
Logo: R$ 52,00 / 1,3
C = R$ 40,00/kg

Estoque de segurança

Partindo do nível de serviço adotado, Maria Dora Leite definiu o estoque de segurança para a linha de produtos adotada como piloto.

$$E_s = k \cdot \sigma \cdot \sqrt{\frac{TR}{PP}}$$

Em que:
E_s = estoque de segurança;
K = 1,645 (fator de segurança em função do nível de serviço);
Σ = 0,172 (calculado com base na tabela de demanda real agregada);
TR = 2 semanas;
PP = 1 semana.

Assim: $E_s = 1{,}645 \cdot 0{,}172 \cdot \sqrt{\frac{2}{1}} \rightarrow E_s = 1{,}645 \cdot 0{,}172 \cdot 1{,}41 \rightarrow$ E = 0,4 t

Ponto de pedido (ou ponto de ressuprimento)

Com esses dados ela já dispunha de informações suficientes para definir a quantidade mais recomendável para a reposição dos estoques. E assim o fez:

$$PP = D_m \cdot TR \cdot E_s$$

Em que:

PP = ponto de pedido;

D_m = demanda média = 1,1 t (calculada com base na tabela de demanda real agregada);

TR = 2 semanas;

E_s = 0,4 t.

Assim:

PP = 1,1 · 2 + 0,4

PP = 2,6 t

Custo unitário de manutenção de estoque (C_e)

Essa informação não estava disponível no relatório recebido, porém nele constava a taxa de manutenção do estoque (T_i), e Maria já calculara o custo unitário médio. Desse modo, ficou mais fácil determinar o C_e.

$C_e = T_i \cdot U$

Em que:

C_e = custo unitário de manutenção de estoque;

T_i = 25% (dado extraído do relatório);

U = R$ 40,00/kg (calculado).

Então:

C_e = 0,25 · 40

C_e = R$ 10,00/kg

Custo total do sistema

Um rápido balanço da linha de produtos eleita mostrou estoque zero, 1 t em atraso e um recebimento programado de 5 t. Desconfiada do tamanho do lote de compra, Maria calculou o custo total do sistema para a aquisição dos produtos.

$C_T = C_e \cdot Q/2 + C_p \cdot DA/Q$

Em que:
CT = custo total do sistema;
C_p = R$ 90,00;
C_e = R$ 10,00/kg;
DA = 57,2 t/ano[6];

Assim:
Q = 5,0 t (dado extraído do relatório).
CT = 10 · 5.000 / 2 + 90 · 57.200 / 5.000
CT = R$ 25.011,44

Lote econômico de compra

Para confirmar suas suspeitas sobre a influência do tamanho do lote de compra no custo total, Maria Dora reuniu as informações necessárias e calculou o tamanho do lote econômico de compra (LEC).

$$Q = LEC = \sqrt{\frac{2 \cdot DA \cdot C_p}{C_e}}$$

Em que:
DA = 57.200;
C_p = 90
C_e = 10

Assim:
$$Q = \sqrt{\frac{2 \cdot 57.200 \cdot 90}{10}}$$
Q = 1.014,69 kg

Novo custo total

Com o novo tamanho de lote de compra, ela recalculou o custo total do sistema:
$$CT = C_e \cdot Q / 2 + C_p \cdot DA / Q$$

---

[6] Cálculo da demanda anual. A demanda semanal média, conforme a tabela do relatório, é de 1,1 t/semana. O ano tem 52 semanas. Logo: DA = 1,1 · 52 = 57,2 t/ano.

Obteve:
CT = 10 · 1.014.69 / 2 + 90 · 57.200 / 1.014,69
CT = 5.073,46 + 5073,46 = R$ 10.146,92

Redução de custos obtida

Comparando as duas situações, a gerente calculou a redução de custos:

[1 – (10.146,92 / 25.011,44)] = [1 – 0,4057] = 0,5943, ou seja, 59,43%

O resultado era animador. Maria Dora Leite revisou os cálculos, de modo a certificar-se de todos os números e verificou que alguns ajustes seriam necessários. O tamanho Q do novo lote de compras, por exemplo, poderia ser arredondado para Q = 1.100 kg/semana, o que resultaria em um número de pedidos N = 57.200 / 1.1100 = 52. Isso representaria exatamente um pedido por semana, e esse pequeno ajuste não expressaria diferença significativa nos custos totais. Assim, organizaria uma apresentação gráfica consistente para suportar sua argumentação e marcaria uma reunião com a diretoria para expor sua proposta. A tarefa não seria fácil, mas ela estava segura de que lançaria bases sólidas para as suas ideias de reestruturação da política de gestão de suprimentos na empresa.

》 Questões para revisão

1) Um determinado fabricante de ferramentas manuais adota a política de lote econômico de compra (LEC) para a maioria dos componentes que utiliza no seu processo de fabricação. Podemos afirmar que, nesse caso:
   a. os custos de armazenagem devem ser numericamente muito próximos aos custos de pedidos.
   b. os custos de armazenagem devem ser muito superiores aos custos de pedidos.

c. os custos de armazenagem devem ser muito inferiores aos custos de pedidos.
d. não se pode afirmar nada sobre os custos de armazenagem e os custos de pedidos com os dados fornecidos.
e. Nenhuma das anteriores.

2) Indique se as proposições referentes ao LEC, a seguir, são verdadeiras (V) ou falsas (F):

( ) O LEC é muito sensível às mudanças de quantidade; mesmo pequenas variações provocam alterações significativas no custo total.

( ) Pode acontecer de o LEC ser incompatível com o tamanho mínimo para um custo de transporte econômico.

( ) O LEC não leva em conta as dificuldades do fornecedor quanto à capacidade produtiva e/ou lote mínimo de fornecimento.

( ) O tamanho do LEC não pode ser fixo, pois é impossível determiná-lo.

A sequência correta é:
a. V, V, F, V.
b. F, F, V, V.
c. V, F, V, F.
d. F, V, V, F.

3) No sistema de estoques máximos e mínimos, com reposição periódica, como é possível saber quando repor o material?

4) Os principais componentes dos sistemas MRP e MRP-II são:
a. Lista de materiais, curva ABC, estrutura analítica e plano mestre de produção.
b. Estrutura analítica, lista de materiais, plano mestre de produção e estoque de segurança.
c. Estoque de segurança, lote econômico de compra, estrutura analítica e plano mestre de produção.

d. Estrutura analítica, lista de materiais, plano mestre de produção e codificação de materiais.

e. Nenhuma das anteriores.

5) Qual é a importância do giro de estoque como indicador de desempenho na gestão de materiais de uma organização?

» Síntese

Assim como citado no início deste capítulo, a principal preocupação do planejamento e do controle é a gestão das operações, a fim de garantir o pleno atendimento às solicitações dos clientes. Para assegurar essa satisfação, foram criadas ferramentas administrativas, como o ciclo PDCA, popularizado pelo estatístico William Edwards Deming e que abrange em sua concepção o planejamento e o controle.

Neste capítulo, citamos algumas ferramentas, como os sistemas ECR, o JIT e o WMS, utilizadas para o controle do almoxarifado. Abordamos, ainda, os processos de recebimento de materiais, desde sua entrada na empresa, seu endereçamento para melhor localização nas dependências, sua estocagem, até seu controle.

O inventário, um dos principais indicadores de desempenho da armazenagem, foi um dos tópicos também desenvolvidos neste segundo capítulo, já que atua como principal agente auxiliador do processo de controle de estoques. Como mencionado, o inventário pode ser de dois tipos: geral anual e rotativo. Para melhor exemplificá--los, desenvolvemos cálculos referentes à acurácia de cada modelo. Fazendo uso do inventário, podemos promover melhor gestão dos estoques e fazer uma previsão mais acurada da demanda futura.

Vimos que a previsão de vendas é o melhor termômetro de orientação para o planejamento da ocupação das máquinas e dos recursos humanos utilizados pelas empresas. No estudo da previsão da demanda, explanamos modelos e métodos de evolução do consumo, os quais norteiam as decisões tomadas pelos gestores a fim de evitar descompassos no processo produtivo.

De maneira geral, sabe-se que o nível de estoque de materiais deve ser o mais baixo possível, sem prejudicar os clientes internos e externos. Entretanto, é sabido também que toda demanda implica atendimento, que, por sua vez, implica nova demanda, o que consome os estoques disponíveis e exige reposições quase imediatas. Citamos e explicamos, então, algumas decisões que fazem parte do processo de gestão de um sistema: quanto e quando pedir e como controlar o sistema. Nesse contexto, abordamos: a classificação ABC, conhecida também como *curva ABC*, que classifica e ordena os materiais consumidos com base em seu valor de aquisição; o sistema de máximos e mínimos, que consiste em prescrever o estoque máximo e o estoque mínimo de determinado material, seu consumo médio e o tempo necessário para sua produção e reposição; o método com grau de risco definido, mais conhecido pela sigla MGRD; o modelo com alterações de consumo e de tempo de reposição (MACTR); o método com grau de atendimento definido (MGAD); e o sistema de duas gavetas (S2g).

Outro assunto abordado neste capítulo diz respeito ao que une a gestão dos estoques ao controle financeiro, ou seja, partindo do valor dos itens em estoque, conseguimos ter informações financeiras atuais referentes aos produtos acabados e às matérias-primas adquiridas. Como visto, existem quatro métodos que podem ser muito úteis para essa valorização dos estoques: o custo médio, o Peps, o Ueps e o custo de reposição, explicados um a um nesta obra.

Mostramos, além disso, que, assim como a compra de materiais, o seu armazenamento também gera custos. O tempo de estoque é proporcional ao custo de armazenagem, ou seja, quanto mais tempo parado em estoque, maiores serão as despesas geradas pelo material. Dessa forma, compreendemos que material parado é dinheiro parado. Para tentar minimizar esses gastos, dispomos de alguns modelos de economia, como o lote econômico de compra – para o qual há algumas restrições e cuidados – e os sistemas JIT e Kanban, que são filosofias japonesas de gestão da produção muito utilizadas pelas indústrias de grande porte.

Apresentamos dois sistemas mundialmente conhecidos e que facilitam o planejamento das necessidades de materiais: o MRP e o MRP II. O sistema MRP tornou-se possível graças ao advento da tecnologia, que nos apresentou os microcomputadores. Utilizando-se de uma filosofia de planejamento, ele enfoca a produção de um plano de suprimentos de materiais, de modo a considerar a fábrica como algo estático, que não sofre alteração. No caso do MRP II, maior quantidade de dados específicos do produto é acondicionada no sistema, como o preço unitário, os fornecedores e o processo produtivo. Os dois sistemas se completam, de modo a facilitar o planejamento.

Todos esses assuntos nos fazem internalizar que o controle dos estoques é tão essencial para a organização quanto a produção dos materiais para gerar vendas. Boas ferramentas de gestão funcionam de modo eficaz se forem empregadas de forma correta, com seriedade e engajamento de todos os colaboradores da instituição.

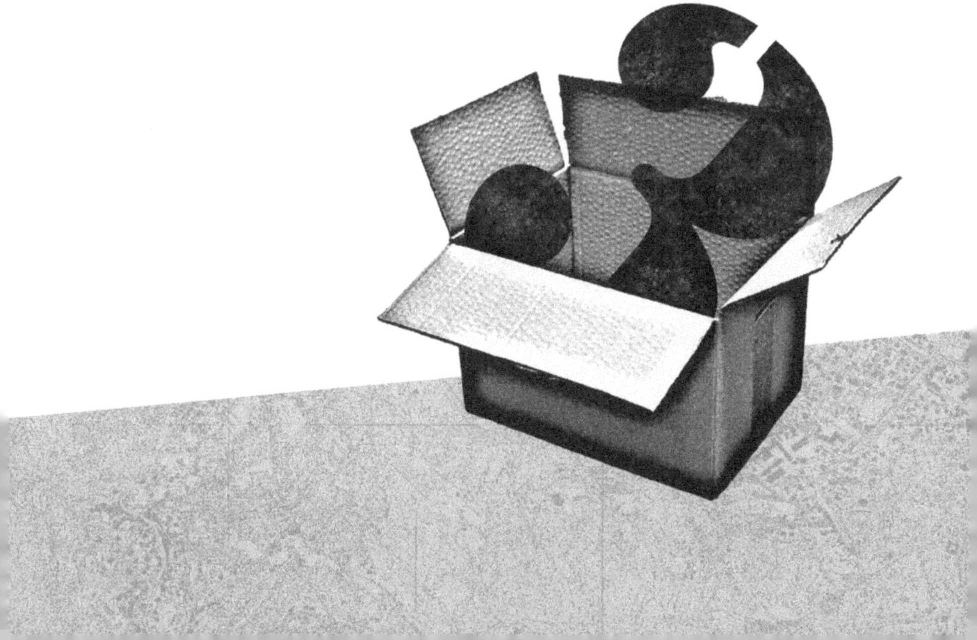

DIS-TRI-BUI-ÇÃO

Conteúdos do capítulo:

» O processo de distribuição física e transporte.
» Os posicionamentos geográficos das operações e seus fatores.
» Os modais de transporte e suas vantagens e desvantagens.
» O desenvolvimento tecnológico e suas contribuições.

Após o estudo deste capítulo, você será capaz de:

» compreender como se dá a gestão da distribuição física e aplicá-la em seu dia a dia;
» compreender quais fatores influenciam no posicionamento geográfico das operações;
» analisar os custos de transporte relativos à distribuição do material e selecionar a melhor opção;
» entender a influência da tecnologia no cotidiano da distribuição e do transporte.

» Fundamentos básicos

Produtos e serviços precisam ser disponibilizados aos clientes. No caso de serviços, geralmente eles são feitos na presença do cliente e, com frequência, produção e consumo ocorrem simultaneamente. Empresas de manufatura, entretanto, necessitam do transporte físico de seus produtos de suas instalações até as instalações de seus clientes. A distribuição é a parte da logística responsável pela administração dos materiais desde a saída do produto da linha de produção até a entrega do produto no destino final (Kapoor; Kansal, 2004).

Ao longo da cadeia de suprimentos, os materiais fluem por meio de sistemas e podem ser armazenados em diferentes pontos – alguns deles fora das instalações da organização – antes de chegarem ao seu destino final. São os sistemas de múltiplos estágios, dos quais fazem parte os centros de distribuição ou os armazéns regionais.

Neste capítulo, focalizaremos o processo de distribuição física, integrante de uma ampla cadeia de suprimentos, considerando o fluxo de materiais que sai dos fornecedores e chega até os clientes como um sistema a ser administrado em todo o seu percurso.

» Gestão da distribuição física

A partir da abertura do mercado interno brasileiro aos produtos estrangeiros, a cadeia de suprimentos de bens de consumo passou a experimentar mudanças importantes, aceleradas e contínuas. A estabilidade da economia, embora vacilante, contribuiu para dar novos contornos ao ambiente competitivo, acirrando mais a disputa pelo mercado. As principais atribuições da gestão da distribuição física são:

- » selecionar rotas e meios de transporte;
- » negociar fretes;
- » administrar os relacionamentos com fornecedores e consumidores imediatos.

Veremos, nos itens a seguir, fatores importantes desse processo, como o modelo e os canais de distribuição.

» Questão para reflexão

Em sua opinião, há uma atividade central na gestão da distribuição física ou existem várias atividades que se completam? Reflita também sobre o modo como os outros setores, como o financeiro, o administrativo e o comercial, interagem com o setor de logística e distribuição, para atenderem às necessidades dos clientes de modo ágil e eficaz.

»»» Definindo o modelo de distribuição

A escolha do modelo de distribuição visa eleger as melhores condições para a entrega dos produtos ao cliente final. Nesse sentido, algumas perguntas devem ser respondidas:

- » Onde e quando o produto precisa estar disponível?
- » O produto pode ser vendido diretamente aos varejistas?
- » O produto precisa ser distribuído por atacadistas?
- » Quantos níveis intermediários são necessários no canal de distribuição?
- » A distribuição será exclusiva, seletiva ou generalista?

Há casos em que a distribuição pode ser simplificada pela introdução de armazéns regionais ou centros de distribuição entre o produtor e o cliente final. Vejamos as figuras a seguir.

» Figura 3.1 – Modelo de distribuição

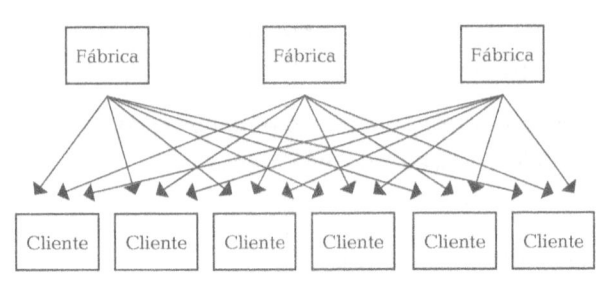

[Diagrama: três Fábricas conectadas a seis Clientes]

Fonte: Slack; Chambers; Johnston, 2002.

Nesse caso, uma empresa manufatureira tem três fábricas suprindo seis clientes, e cada uma das fábricas atende a todos os seis clientes. Isso gera 18 rotas, e cada um dos clientes tem de se comunicar individualmente e diretamente com as três fábricas. Vamos introduzir dois centros de distribuição regionais entre as fábricas e os clientes.

» Figura 3.2 – Modelo de distribuição regional

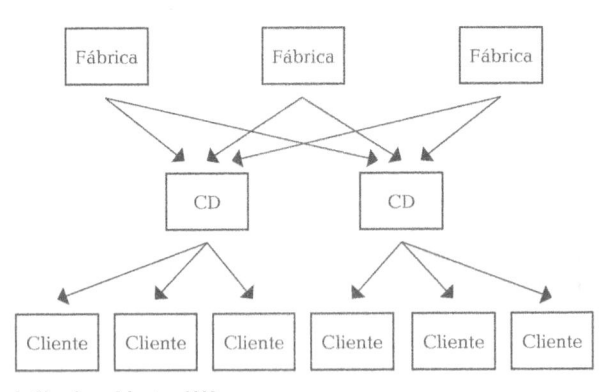

[Diagrama: três Fábricas conectadas a dois CDs, que por sua vez se conectam a seis Clientes]

Fonte: Slack; Chambers; Johnston, 2002.

Agora as três fábricas distribuem seus produtos para os centros regionais de distribuição, e estes abastecem seus clientes locais, gerando apenas 12 rotas, numa redução de 50% em relação ao caso anterior. A comunicação também resulta em benefícios, já que cada uma das fábricas lida agora com dois pontos de demanda, e não mais com seis, como na configuração inicial. Os clientes também têm suas vidas simplificadas, pois devem comunicar-se com apenas um fornecedor – que é o seu centro regional de distribuição –, em vez das três fábricas anteriores.

» Questão para reflexão

Trazendo para a sua realidade os dois modelos de distribuição citados anteriormente, qual deles lhe parece mais conveniente?

»»» Canais de distribuição

Os canais de distribuição são os meios utilizados para que o produto chegue até o consumidor final. De forma geral, constituem-se de:

- » centros de distribuição;
- » distribuidores;
- » atacadistas;
- » varejistas;
- » representantes;
- » mala direta;
- » telefone (*telemarketing*);
- » internet.

No caso da internet, o potencial proporcionado por esse meio é enorme. Entre diversas razões para tal afirmativa, podemos destacar as seguintes:

- » A informação fica imediatamente disponível ao longo de toda a cadeia de abastecimento, permitindo a todos os participantes dessa rede (fornecedores, transportadores, armazenadores e consumidores) o compartilhamento de dados sobre a posição dos produtos e de seus eventuais destinos posteriores. Isso facilita a coordenação das operações e a contratação de fretes de retorno, proporcionando chances para reduzir custos.
- » As transações diretas com o consumidor (B2C) impactam consideravelmente as estratégias utilizadas na distribuição. Por exemplo: vender pela internet gera um grande número de pedidos de menor valor, individuais e entregues em locais diferentes, o que exige a aquisição de novas habilidades no desempenho das tarefas de distribuição.

» Localização das operações

A localização é o posicionamento geográfico de uma operação. Seja a localização de uma fábrica, seja a de um centro administrativo ou de um centro de distribuição, será sempre uma decisão estratégica, orientada pelos objetivos dos planejamentos de médio e longo prazo das organizações.

A empresa, seja ela qual for, interage com clientes e fornecedores; assim, a decisão sobre a sua localização deve considerar ambos. Ressalte-se, entretanto, que a lógica nem sempre dá conta de explicar a localização de determinadas operações. Algumas estão em determinado local por razões históricas; outras permanecem onde estão porque a relação custo-benefício de uma mudança não seria favorável.

››› Fatores que influem na localização

No processo de escolha da localização de qualquer operação, deve-se considerar a influência exercida por fatores relativos ao fornecimento e à demanda. A localização afeta de forma diferente operações industriais e de serviços. Por exemplo: o faturamento de uma operação de manufatura dificilmente será sensivelmente alterado pela localização, mas os custos de produção podem sofrer significativas alterações em função dela. No entanto, no caso de operações de serviços, faturamento e custos podem ser influenciados de maneira significativa pela localização.

» Figura 3.3 – **Fatores de localização**

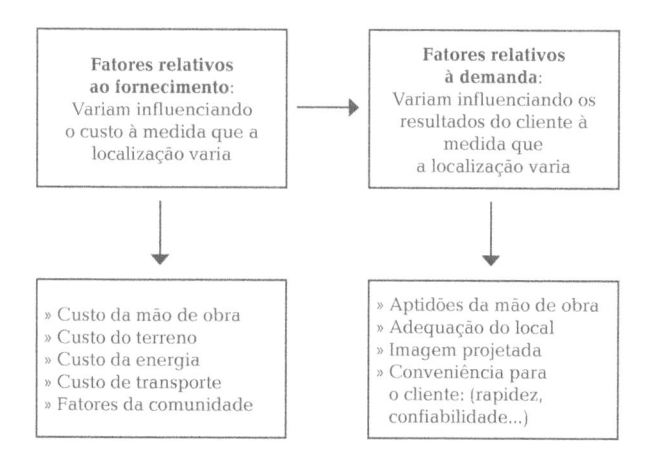

Fatores relativos ao fornecimento: Variam influenciando o custo à medida que a localização varia	Fatores relativos à demanda: Variam influenciando os resultados do cliente à medida que a localização varia
» Custo da mão de obra » Custo do terreno » Custo da energia » Custo de transporte » Fatores da comunidade	» Aptidões da mão de obra » Adequação do local » Imagem projetada » Conveniência para o cliente: (rapidez, confiabilidade...)

Fonte: Adaptado de Slack; Chambers; Johnston, 2002.

Como primeiro passo do processo de escolha da localização, é preciso distinguir os fatores com custos quantificáveis daqueles não quantificáveis. Destacamos alguns dos principais custos quantificáveis: custo de taxas e impostos; custo do terreno e das edificações; custo das utilidades, como água e energia; custo da mão de obra;

custo dos equipamentos; e custo dos transportes. Os custos não quantificáveis, ou de difícil quantificação, referem-se a: relações sindicais; influência da qualidade de vida no ânimo das pessoas; receptividade da comunidade; e restrições ambientais e legais.

É necessário considerar, além disso, que, cada vez mais, o cenário disponível para a escolha da localização de uma operação é o mundo todo. O avanço da tecnologia da informação e as facilidades de comunicação tornaram mais simples aquilo que sempre foi possível, ou seja, produzir em uma parte do planeta e distribuir em outras. Vejamos alguns modelos de avaliação que podem auxiliar na escolha da melhor localização de uma operação.

Modelo da pontuação ponderada (fatores qualitativos)

Consiste na definição de características ou fatores de interesse da organização, em cada localidade, atribuindo-se a eles pesos cuja soma seja 100. Em seguida, os gestores envolvidos no processo de escolha atribuem notas, de 0 a 10, para cada fator, em cada cidade, e calculam a média aritmética das notas. Os dados obtidos são tabulados, e a localidade que obtiver maior pontuação será recomendada para o estabelecimento das operações.

Exemplo:

Uma empresa de cosméticos, que distribui seus produtos para *shopping centers*, redes de perfumarias e redes farmacêuticas, deseja construir um novo centro de distribuição para melhor atender a seus clientes de determinada região. A pesquisa imobiliária resultou em três cidades candidatas (A, B e C). A empresa definiu seus critérios de avaliação, atribuiu-lhes pesos e pediu aos gerentes envolvidos no processo de escolha que dessem uma nota, de 0 a 10, para cada fator, em cada cidade, calculando então a notas médias. Os resultados estão na tabela a seguir. Qual cidade deve ser recomendada?

Peso	Fator de seleção	Pontuação média		
		A	B	C
15	Custo do terreno e das edificações	8.0	8.0	7.0
10	Relações sindicais	2.0	5.0	6.0
10	Disponibilidade de pessoal qualificado	8.0	7.5	8.0
15	Impostos locais	5.0	8.0	9.0
20	Restrições ambientais e legais	8.0	6.0	8.0
10	Acesso a rodovias	5.0	8.0	7.5
20	Potencial econômico regional	2.0	6.0	8.5
Total		545	685	785

Conforme os critérios de seleção da organização, a localização recomendada é a cidade **C**.

Método do centro de gravidade

É utilizado para a escolha do local que proporcione os menores custos de transporte. Vamos considerar duas situações: uma para a localização de um centro de distribuição (doravante CD) e outra para a localização de uma empresa industrial.

Exemplo 1: Centro de distribuição

Uma organização que comanda quatro lojas de artigos para decoração e utilidades domésticas, em cidades diferentes (A, B, C e D), decidiu centralizar seus estoques em um moderno CD, reduzindo assim os estoques individuais das lojas. Considerando-se a localização de cada loja, conforme o diagrama a seguir, e volumes de vendas dados, onde deverá ser localizado o novo CD?

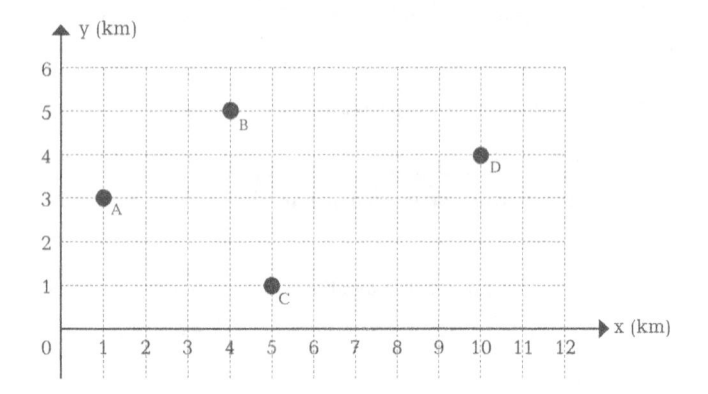

Loja	Demanda (cargas semanais)
A	8
B	16
C	14
D	10
Total	48

Solução:

A solução consiste em encontrar as coordenadas para a localização do CD (x, y) que proporcionem o menor custo de deslocamento. A equação matemática para isso é:

$$X_{CD} = \frac{\sum X_i \cdot V_i}{\sum V_i} \quad e \quad Y_{CD} = \frac{\sum Y_i \cdot V_i}{\sum V_i}$$

Em que:

X_{CD} = localização do CD no eixo horizontal (x);
X_i = coordenada "x" do destino "i";
Y_{CD} = coordenada "y" do destino "i";
V_i = quantidade transportada para o destino "i".

Aplicando ao nosso caso, temos:

$$X_{CD} = \frac{(1 \cdot 8) + (4 \cdot 16) + (5 \cdot 14) + (10 \cdot 10)}{48} = 5,04$$

$$Y_{CD} = \frac{(3 \cdot 8) + (5 \cdot 16) + (1 \cdot 14) + (4 \cdot 10)}{48} = 3,29$$

Assim, a localização de menor custo para o CD será:

CD (5,04; 3,29).

Exemplo 2: Empresa industrial

Um fabricante de ferramentas e materiais elétricos pretende construir uma nova fábrica, maior e mais moderna, para onde transferirá todas as suas instalações atuais. No gráfico a apresentada na sequência, **F** representa a localização dos pontos fornecedores de matéria-prima e **C**, a localização dos pontos de consumo dos produtos acabados. Os custos de transporte e as distâncias estão na tabela a seguir.

Tipo	Quant. (t)	Custo de transporte (R$ · t · km)	Localização: x; y (km)	
F1	300	4.00	200	600
F2	500	3.00	300	500
F3	400	3.00	600	200
C1	250	5.00	500	600
C2	400	4.00	600	600
C3	150	6.00	400	500
C4	350	5.00	200	400
C5	150	4.00	200	200

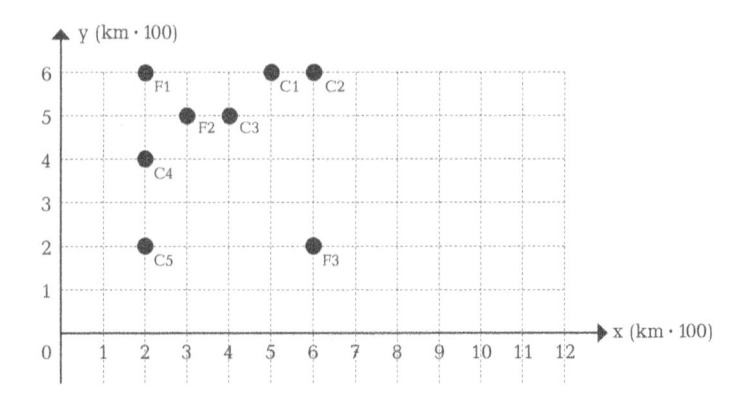

Solução:

O princípio é o mesmo do exemplo anterior, ou seja, encontrar a localização que minimize os custos de movimentação. Nesse caso, o que temos a mais é a presença de fornecedores de matéria-prima e suas interferências nos custos de produção. A equação matemática apresenta uma pequena diferença em relação à anterior. As coordenadas para a nova unidade industrial serão: UI (x; y). Vejamos:

Tanto a localização horizontal (x) como a localização vertical (y) são calculadas da mesma forma, substituindo-se adequadamente os valores.

$$x \text{ ou } y = \frac{\sum (\text{custo de transporte} \cdot \text{distância} \cdot \text{volume})}{\sum (\text{custo de transporte} \cdot \text{volume})}$$

Cálculo da localização horizontal (x):

$$x = \frac{(300 \cdot 4 \cdot 200) + (500 \cdot 3 \cdot 300) + (400 \cdot 3 \cdot 600) + \ldots + (350 \cdot 5 \cdot 200) + (150 \cdot 4 \cdot 200)}{(300 \cdot 4) + (500 \cdot 3) + (400 \cdot 3) + \ldots + (350 \cdot 5) + (150 \cdot 4)}$$

$$\frac{3.825.000}{10.000} \rightarrow x = 382,5$$

$$y = \frac{(300 \cdot 4 \cdot 600) + (500 \cdot 3 \cdot 500) + (400 \cdot 3 \cdot 200) + \ldots + (350 \cdot 5 \cdot 400) + (150 \cdot 4 \cdot 200)}{(300 \cdot 4) + (500 \cdot 3) + (400 \cdot 3) + \ldots + (350 \cdot 5) + (150 \cdot 4)} =$$

$$\frac{4.690.000}{10.000} \rightarrow y = 469,0$$

Assim, a melhor localização para a unidade industrial a ser construída será:

UI (382,5; 469,0)

» Distribuição física e transporte

Os custos de transporte representam, em média, 37% dos custos logísticos nas organizações. Isso ajuda a explicar por que, na maioria das empresas, o transporte é considerado a atividade mais importante de um sistema de distribuição. O gráfico a seguir mostra a distribuição clássica dos custos logísticos.

» Gráfico 3.1 – Distribuição clássica dos custos logísticos

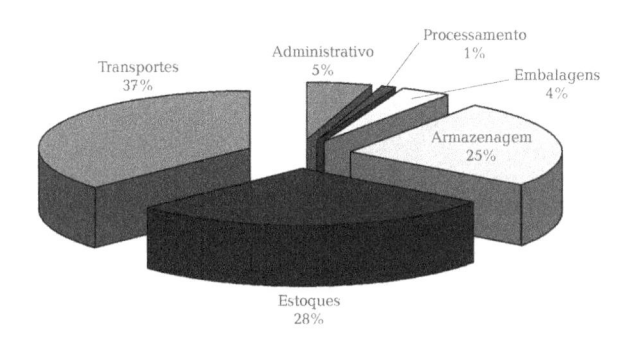

Transportes 37%
Administrativo 5%
Processamento 1%
Embalagens 4%
Armazenagem 25%
Estoques 28%

Fonte: Associação Brasileira de Atacadistas e Distribuidores (Abad), citada por GS1 Brasil, 2006.

Veremos, a seguir, as bases do sistema de transporte e sua influência na distribuição.

>>> Modais de transporte

Existem cinco sistemas fundamentais de transporte, denominados *modais de transporte* – rodoviário, ferroviário, aeroviário, dutoviário e hidroviário – além dos transportes multimodal e intermodal, que combinam duas ou mais modalidades.

A escolha do modal de transporte a ser utilizado depende de vários fatores, como custo, tempo de entrega, tipo de produto a transportar, disponibilidade do modal e sazonalidade (caso mais específico do modal hidroviário). No Brasil, mais de 60% do transporte de cargas é feito por rodovias, como mostra o gráfico a seguir.

» Gráfico 3.2 – Utilização dos modais no Brasil

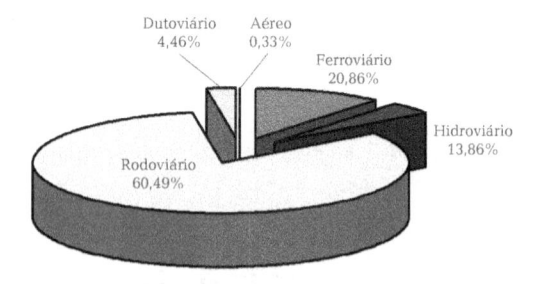

Dutoviário 4,46%
Aéreo 0,33%
Ferroviário 20,86%
Hidroviário 13,86%
Rodoviário 60,49%

Fonte: Empresa Brasileira de Planejamento e Transportes (Geipot), 2000, citada por Brasil, 2005.

O sistema de distribuição depende de pelo menos quatro etapas fundamentais para seu bom desempenho:

» Estoque de produtos acabados: É constituído dos produtos finais produzidos pela empresa e que serão por ela vendidos.
» Embalagens de proteção: Além das embalagens regulares, são usadas, quando necessário, embalagens para proteger os produtos durante o transporte.
» Centros de distribuição: Grandes armazéns são utilizados pelas empresas para centralizar a entrega e/ou o recebimento de

produtos em determinada região e, depois, redistribuí-los para destinos próximos.

» Sistemas de transporte: Um tipo de modal transportador é escolhido para fazer o deslocamento dos produtos até seu destino final.

A gestão da distribuição pode contribuir decisivamente para a competitividade de uma organização, concentrando esforços no custo total de distribuição, a fim de minimizá-lo. Atente-se para o fato de que minimizar o custo não significa, necessariamente, escolher o sistema mais barato. É preciso avaliar, também, fatores importantes, como o tempo de entrega, a confiabilidade, a rastreabilidade do sistema transportador e as condições em que o produto chegará até o cliente. Vejamos o exemplo a seguir.

A Empresa Brasileira de Ferramentas (Ebrafe) tem sua sede em Manaus (AM) e distribui seus produtos nas regiões Norte e Nordeste, e a sua principal fonte de demanda é a região da Grande Recife (PE). Os modais transportadores disponíveis são os seguintes:
» Rodoviário: Custo de R$ 0,15 tonelada/km, com um tempo de entrega de dias para uma distância de 5.000 km. É o modal utilizado preferencialmente pela empresa.
» Marítimo: Custo de R$ 10.200,00 para cada 50 toneladas transportadas e 10 dias de tempo de entrega.
» Aéreo: R$ 70.500,00 para cada 50 toneladas transportadas e 1 dia de tempo de entrega.
Cada remessa feita pela empresa é de 50 toneladas, e o custo de armazenagem em trânsito é de R$ 0,40 kg/dia. Qual o custo total de cada modal e qual o mais vantajoso?

Solução:

Vamos calcular os custos envolvidos em cada modal e compará-los.

a. Modal rodoviário
Transporte: R$ 0,15/t.km · 50 t · 5.000 km = R$ 37.500,00
Armazenagem: R$ 40/kg. dia · 50.000 kg · 06 dias = R$ 120.000,00

b. Modal marítimo
Transporte: R$ 10.500,00
Armazenagem: R$ 0,40/kg . dia · 50.000 kg · 10 dias = R$ 200.000,00

c. Modal aéreo
Transporte: R$ 70.500,00
Armazenagem: R$ 0,40/kg . dia · 50.000 kg · 01 dia = R$ 20.000,00

Comparando os custos totais, temos:

	Aéreo	Rodoviário	Marítimo
Custo do transporte	R$ 70.500,00	R$ 37.500,00	R$ 10.500,00
Custo da armazenagem	R$ 20.000,00	R$ 120.000,00	R$ 200.000,00
Custo total	R$ 90.500,00	R$ 157.500,00	R$ 210.500,00

A comparação do custo total nos mostra que a distribuição pelo modal aeroviário é a mais vantajosa para a Ebrafe, já que tem o menor custo total de distribuição (reduz sensivelmente o custo de armazenagem em trânsito) e entrega o produto mais rapidamente.

Como podemos observar, para se considerar a escolha do modal de transporte, deve-se avaliar a relação custo-benefício que cada um oferece e, com isso, definir aquele que proporcionará o melhor resultado. Os principais fatores a observar na escolha do meio de transporte são (Global 21, 2008):

» características da carga (peso, volume, dimensão, formato, periculosidade, refrigeração etc.);
» urgência na entrega;
» custos relacionados a embarque, desembarque, cuidados especiais, frete até o ponto de embarque, frete internacional, manuseio de carga e afins;
» pontos de embarque e desembarque;

» possibilidades de uso do meio de transporte – disponibilidade, frequência, adequação, sazonalidade, exigências legais, dentre outras.

Veremos a seguir a descrição de cada modal de transporte.

Modal rodoviário

É o modal mais utilizado no país, transportando mais de 60% das cargas distribuídas. Essa hegemonia deve-se, em grande parte, à legislação brasileira, que dificulta o uso da navegação, e também à falta de investimentos nas ferrovias e nas hidrovias (ver Gráfico 3.2).

A característica principal do transporte rodoviário é a facilidade na entrega das mercadorias, promovendo ligações entre os transportes multimodal e intermodal. Isso objetiva buscar os produtos para exportação na origem e embarcar em outros modais, ou vice-versa. No caso das importações, entregam-se na porta do cliente os produtos trazidos inicialmente por outros modais.

Vantagens:

» tem maior disponibilidade de vias de acesso;
» possibilita o serviço porta a porta;
» propicia rapidez nos embarques e nas partidas;
» favorece os embarques de pequenos lotes;
» é recomendável para curtas e médias distâncias;
» apresenta funcionamento simples e rápido;
» exige embalagens mais simples e de menor custo.

Desvantagens:

» de acordo com estudos internacionais, torna-se antieconômico para distâncias superiores a 500 km, em decorrência elevado consumo de combustível;
» apresenta maior custo operacional e menor capacidade de carga;

- » nas épocas de safras, principalmente, provoca congestionamentos nas estradas;
- » desgasta de forma prematura a infraestrutura das estradas;
- » emite elevados níveis de poluentes atmosféricos;
- » apresenta menores índices de segurança quando comparado a modais alternativos.

Cabe lembrar que o modal rodoviário é ágil e flexível no deslocamento de cargas, isoladas ou em conjunto, e facilita a integração da distribuição em diferentes regiões.

Modal ferroviário

Muito utilizado no transporte de matérias-primas e de produtos manufaturados, o modal ferroviário é um sistema de transporte lento, mas de baixo valor para longas distâncias. O crescimento da produção nacional, em especial no interior do país, refletiu significativamente no setor de transportes, revelando a fragilidade da infraestrutura e expondo a necessidade de investimentos, particularmente no modal ferroviário. Hoje, o sistema ferroviário brasileiro é o maior da América Latina, com uma extensão de aproximadamente 29.500 km, distribuídos pelas Regiões Sul, Sudeste, Nordeste, Norte e parte do Centro-Oeste.

O transporte é feito por vagões tracionados por locomotivas, que, sobre trilhos, percorrem trechos já delineados e sem qualquer flexibilidade de percursos. Quando ocorrem ligações entre países limítrofes, a malha ferroviária daqueles países também pode ser utilizada.

Em termos de agilidade, o modal ferroviário perde para o sistema rodoviário, já que as cargas, geralmente, devem ser levadas até as locomotivas. Como características importantes desse modal, destacam-se a grande competitividade para grandes volumes e longas distâncias, a segurança, a economia e o fato de ser pouco poluente, podendo até mesmo utilizar a opção do biodiesel como fonte propulsora. É adequado para o transporte de mercadorias agrícolas a granel, derivados de petróleo, minérios e produtos siderúrgicos. Aceita o uso de contêineres, possibilitando o transporte de mercadorias com maior valor agregado.

A Gráfico 3.2 mostra que hoje aproximadamente 21% da produção brasileira se utiliza da rede ferroviária para o seu escoamento. Considerando-se a extensão territorial brasileira, a representatividade do modal ferroviário é baixa. Isso pode ser explicado, parcialmente, pela falta de planejamento de longo prazo – por parte dos órgãos responsáveis –, prejudicando a integração da malha ferroviária nacional.

Entre outros aspectos, equipamentos e materiais rodantes obsoletos, bitolas estreitas e pouca capacidade dos terminais contribuíram para que o modal ferroviário fosse relegado ao esquecimento e se mostrasse pouco competitivo ao longo de muitas décadas.

Nos últimos anos, entretanto, o setor tornou-se mais atraente e, além do crescimento na movimentação de produtos, houve uma recuperação de cargas até então transportadas por outros modais, como os granéis agrícolas. O transporte de contêineres e de outras cargas mais nobres melhorou a produtividade do sistema, o que despertou a atenção de outros setores distribuidores, atraindo investimentos, motivando concessões e reduzindo, assim, a estatização do setor.

O processo de desestatização tem sido benéfico para o modal ferroviário, observando-se ganhos de desempenho operacional nas malhas concedidas, bem como aumentos na produtividade do pessoal, das locomotivas e dos vagões. Dados da Pesquisa Rodoviária 2006, da Confederação Nacional do Transporte (CNT, 2006b), mostram que, de 1997 a 2005, houve um aumento de 62% no peso de carga transportada, que saltou de 137 para 222 bilhões de toneladas. Desse total, em 2005, 166 bilhões de toneladas corresponderam a cargas em geral e 56 bilhões foram de minérios e carvão mineral. Os investimentos privados também cresceram significativamente nesse período, saltando de R$ 398 milhões em 1997 para R$ 3.160 milhões em 2005. Foram construídos terminais intermodais, e a revitalização do setor permitiu o ressurgimento de empresas ligadas ao setor ferroviário, aumentando a criação de empregos diretos e indiretos.

Vantagens:

- representa menor custo de transporte;
- gera redução da poluição ambiental;
- não provoca congestionamentos;
- apresenta terminais de carga próximos às fontes produtivas;
- pode transportar grandes quantidades de uma só vez;
- apresenta baixo índice de acidentes e de furtos ou roubos de cargas;
- promove frete mais barato que o do modal rodoviário;
- transporta também contêineres.

Desvantagens:

- oferece grandes variações nos tempos de transporte;
- produz baixas velocidades nas passagens por trechos urbanos;
- na maioria dos casos, tem ligação intermodal apenas com o rodoviário;
- apresenta trechos com excesso de passagens de nível e invasões na faixa de domínio.

Modal hidroviário

De forma geral, esse modal pode ser dividido em fluvial e marítimo, sendo este último subdividido em navegação de longo curso e navegação de cabotagem. Enquanto a navegação marítima de longo curso trata das rotas internacionais de longa distância, a navegação marítima de cabotagem diz respeito a viagens através da costa de um país ou até de países vizinhos.

Principalmente no que respeita à navegação fluvial, pouco explorada no Brasil, o modal hidroviário tem sua confiabilidade e disponibilidade muito afetada pelas condições do tempo. Em termos de transporte marítimo, representa a maior parte dos serviços internacionais de carga. Tem excelente nível de segurança, apresentando poucos problemas de navegação e perdas de cargas.

Sua importância vem crescendo, ultimamente, na matriz brasileira de transportes. O Brasil tem mais de 7.500 km de costa atlântica, o que supõe excelente potencial para o crescimento dos serviços portuários, de transporte marítimo e de cabotagem. Os portos marítimos são os terminais onde ocorre a maioria dos processos administrativos, operacionais e de fiscalização de atividades.

Ao considerarmos a distribuição de produtos pelo modal hidroviário marítimo, uma opção é a consolidação de carga marítima, que consiste no embarque de diversos lotes de carga, ainda que de diferentes agentes, com pagamento de fretes a valores proporcionais aos espaços ocupados, possibilitando a redução do custo. Essa prática é conhecida no exterior como *box rate* e permite aos agentes de consolidação de cargas fracionar o custo total do contêiner entre os interessados. Outras formas de operação dos navios comerciais são:

» Conferenciado: É oferecido regularmente com periodicidade e rotas determinadas, mediante o pagamento de tarifa única, pelas companhias marítimas integrantes da conferência de fretes (Europa, América do Norte e Extremo Oriente).
» *Outsiders* (regulares): São oferecidos por armadores independentes, que não fazem parte das conferências de fretes com as quais concorrem diretamente e com custos mais competitivos. Na maioria das vezes, atuam em rotas fixas, mas não estão sujeitos à regularidade de frequência.

- » *Tramps* (irregulares): São embarcações não pertencentes a nenhuma das categorias anteriormente mencionadas e que não cumprem rotas fixas ou programações predeterminadas. A maioria dos transportadores de granéis se enquadra nessa categoria, e o valor do frete é negociado entre o armador e o dono da mercadoria a transportar.
- » Bilaterais: São acordos comerciais nos quais há obrigatoriedade e reciprocidade de transporte por navios dos dois países acordados. O Brasil tem esses acordos firmados com diversos países.
- » Navios exclusivos: São navios de propriedade dos fabricantes dos produtos transportados.

O Brasil possui 122 terminais de uso privativo misto, 9 terminais de uso privativo exclusivo e 37 portos públicos, entre marítimos e fluviais (CNT, 2012). A maioria das instalações portuárias brasileiras não é compatível com o atual desenvolvimento da nossa economia nem com as necessidades do comércio exterior, representando um dos componentes do chamado *Custo Brasil*. Além dessa infraestrutura precária, os acessos terrestres por via rodoviária têm se complicado nos últimos anos.

Apesar disso, deve-se louvar o esforço feito, nos últimos anos, na direção do aperfeiçoamento das operações portuárias brasileiras. A operação privada, a modernização de equipamentos e de procedimentos, o aumento da produtividade e a consequente redução de custos melhoraram muito o desempenho dos principais portos brasileiros.

Modal aeroviário

Trata-se de uma modalidade cara de transporte. Sua principal vantagem está na velocidade, descontando-se aí os tempos de coleta, manuseio no solo e deslocamentos terrestres. É um transporte seguro, e os fatores básicos de conduta ética, operacionalidade e segurança são estabelecidos por normas (International Air Transport Association – Iata), acordos e convenções internacionais.

No Brasil, o transporte aéreo responde por 0,3% da movimentação de cargas e 2,5% da movimentação de passageiros. No total, participa com 0,33% na matriz nacional de transportes, ampliando essa porcentagem de forma tímida, porém constante. Nosso país dispõe de 32 aeroportos internacionais e 35 domésticos, além de 2.498 aeródromos e pequenos aeroportos (CNT, 2012).

Vantagens:

» gera maior rapidez no transporte;
» oferece maior eficácia em casos de urgência;
» apresenta fretes internos menores para colocação de mercadorias nos aeroportos;
» dispõe de acesso a mercados difíceis de alcançar por outros modais;
» garante facilidade e segurança no deslocamento de pequenos volumes;
» permite redução dos custos de armazenagem.

Modal dutoviário

Apesar de sua movimentação lenta, o sistema dutoviário opera ininterruptamente – 24 horas por dia e em todos os dias do ano.

O modal dutoviário é aquele que utiliza a força da gravidade ou a pressão mecânica, por meio de dutos, para o transporte de granéis. É uma alternativa de transporte não poluente, não sujeita a congestionamentos e relativamente barata.

Os dutos são utilizados para transportar líquidos e gases por longos percursos. Como se vê, é pequena a diversidade de produtos atendidos. Seu custo operacional é baixo, mas o investimento inicial em instalações é bastante elevado. A participação do modal dutoviário na matriz brasileira de transportes é da ordem de 4,5% (ver Gráfico 3.2).

No Brasil, os principais dutos existentes são (Brasil, 2009):

» Gasodutos: Destinam-se ao transporte de gases, destacando-se a recente construção do gasoduto Brasil-Bolívia, com aproximadamente 2.000 km de extensão e destinado ao transporte de gás natural.
» Minerodutos: Aproveitam a força da gravidade para o transporte de minérios entre as regiões produtoras e as siderúrgicas ou portos. Os minérios são impulsionados por um forte jato de água.
» Oleodutos: Utilizam sistemas de bombeamento para transportar petróleo bruto e seus derivados para os terminais portuários e centros de distribuição.

Transportes intermodal e multimodal

A característica básica do intermodal é o transporte de mercadorias em dois ou mais modais em uma mesma operação, na qual cada operador emite um documento e responde, individualmente, pelo serviço prestado. Caso ocorra qualquer tipo de problema com a carga (avarias, perdas, roubos etc.), o cliente embarcador recorre somente ao operador responsável pelo transporte naquele momento. Em locais que não podem ser alcançados por um único modal, a operação intermodal pode reduzir os custos de sistemas mais caros, dependendo da distância percorrida, entre outros fatores.

A operação multimodal vincula todo o percurso da carga a um único documento de transporte, chamado *Conhecimento (ou documento) de transporte multimodal*. O sistema utiliza duas ou mais modalidades de transporte diferentes e, desde a origem até o destino, é executado sob a responsabilidade única de um operador de transporte multimodal (OTM).

» Para saber mais

GOIÁS. Governo do Estado. Secretaria da Fazenda do Estado de Goiás. *Conhecimento de transporte multimodal de cargas*. Disponível em: <http://www.google.com.br/url?sa=t&rct=j&q=&esrc=s&frm=1&source=web&cd=2&ved=0CGgQFjAB&url=http%3A%2F%2Fwww.sefaz.go.gov.br%2FLTE%2FLte_ver_40_3_htm%2FRcte%2FAnexos%2F..%255CMODELOS%255CDocumento_Fiscal%255CConhecimento_Transporte_Modal_Cargas.doc&ei=dWIFUKKUKq6E0QHYvKy4CA&usg=AFQjCNFGGrkAKHogBHpriBXeE85JVJu_L-g&sig2=71AkOdBb2ZRRCmCYMp0ZSA>. Acesso em: 17 jul. 2012.

Nesse *link*, você encontrará um modelo simples de conhecimento de transporte multimodal de cargas, utilizado pela Secretaria da Fazenda do Estado de Goiás.

Disciplinado pela Lei nº 9.611/1998[1], o transporte multimodal proporciona melhor aproveitamento dos equipamentos e maior eficiência no transporte de cargas, reduzindo custos e conferindo maior agilidade e confiabilidade às operações de entrega. A utilização de diferentes modais, conforme o melhor desempenho em determinados trechos, é recomendada sempre que permita combinar agilidade e redução de custos na distribuição dos produtos. Podemos considerar dez combinações de modais:

1) ferroviário e rodoviário;
2) ferroviário e aeroviário;
3) ferroviário e hidroviário;
4) ferroviário e dutoviário;
5) rodoviário e aeroviário;
6) rodoviário e hidroviário;
7) rodoviário e dutoviário;
8) hidroviário e dutoviário;
9) hidroviário e aeroviário;
10) aeroviário e dutoviário.

[1] Para conhecer a Lei nº 9.611/1998 na íntegra, acesse: <http://www.planalto.gov.br/ccivil_03/Leis/L9611.htm>.

Além de o sistema exigir o uso de contêiner padronizado, nem toda combinação de modais de transporte é viável economicamente. O contêiner é uma "grande caixa", com dimensões e outras características padronizadas, usada para acondicionamento e transporte de cargas em geral, facilitando seu embarque, desembarque e transbordo entre diferentes meios de transporte. Os principais objetivos da utilização de um sistema multimodal de distribuição são os seguintes:

- melhorar o nível de serviço, empregando operadores qualificados e responsáveis;
- reduzir os custos de transporte, com a unitização e a consolidação das cargas;
- oferecer maior proteção às cargas, reduzindo riscos de avarias e desvios;
- reduzir o tempo de trânsito em longos percursos;
- manipular e movimentar as cargas com mais rapidez.

Já os fatores fundamentais que se deve levar em conta ao considerar a distribuição multimodal são:

- as características do produto;
- os volumes a transportar;
- a frequência das entregas;
- as distâncias a cobrir;
- as necessidades do cliente;
- a disponibilidade de vias;
- a segurança do sistema;
- os custos globais.

A distribuição pelo sistema multimodal é muito difundida nos países mais desenvolvidos. No Brasil, ela vem sendo impulsionada por fatores como a criação de um mercado único, os grandes congestionamentos das principais vias de acesso e o crescente reconhecimento do papel-chave desempenhado pela distribuição de cargas no desenvolvimento da nação.

» Para saber mais

CNT – Confederação Nacional do Transporte. Disponível em: <http://www.cnt.org.br/Paginas/index.aspx>. Acesso em: 17 jul. 2012.

Nesse *site*, você pode obter informações referentes à Confederação Nacional do Transporte, uma entidade sindical de grau superior sem fins lucrativos, que tem como missão a atuação na defesa dos interesses relativos ao setor de transportes.

» Contribuições da tecnologia

O desenvolvimento tecnológico influi diariamente no cotidiano de todas as atividades humanas. A distribuição e o transporte não ficaram à parte dessa inovação. Os modernos recursos da informática permitem a gestão de operações complexas, facilitando a administração *Just in Time* (JIT) e aumentando a tendência a manter estoques cada vez menores e a adotar a distribuição *cross docking*. É fundamental a integração desses elementos por meio dos sistemas de informação, de forma a gerir a cadeia de suprimentos de maneira eficaz e econômica.

O apoio da informática ao sistema multimodal possibilita, por exemplo, identificar instantaneamente a localização de uma carga em trânsito e agilizar as decisões sobre o acompanhamento de eventuais redirecionamentos. Os vínculos informáticos entre os operadores e os clientes permitem receber e confirmar os requisitos de transporte e notificar o estado atual da entrega, além de atualizar de imediato os níveis de estoque e sua disponibilidade.

O rastreamento e a comunicação via satélite, o intercâmbio eletrônico de dados (EDI) e a internet propiciam a integração da cadeia de suprimentos desde a unidade produtiva até o ponto de venda. Cada vez mais, o uso desses recursos se faz presente no dia a dia das organizações, com o estabelecimento de pedidos via computador e a adoção de sistemas automatizados de reabastecimento, tudo com informações em tempo real, melhorando a eficiência e a rentabilidade ao longo da cadeia de abastecimento.

» Questão para reflexão

Sabemos que a tecnologia apresenta evolução constante, de modo vertiginoso. Embora produza efeitos positivos para a humanidade, a tecnologia traz também consequências negativas, como o desemprego em grande escala. Você acha que os recursos tecnológicos podem substituir a mão de obra humana? Se sim, em que proporção?

» Exercícios resolvidos

1) Uma organização costuma distribuir seus produtos pelo modal ferroviário, a um custo de R$ 2.500,00 por carga e com um tempo de trânsito de 10 dias. A opção de enviar os produtos pelo modal rodoviário custa R$ 3.100,00 por carga e fica em trânsito por 5 dias. O custo do estoque em trânsito é de R$ 100,00 por dia. Qual é o custo total de cada modal?

   Solução:

   Modal ferroviário: R$ 2500 + (10 · R$ 100) = R$ 3.500,00
   Modal rodoviário: R$ 3.100 + (5 · R$ 100) = R$ 3.600,00

2) Uma empresa no sul do país distribui seus produtos para o centro-oeste brasileiro. O transporte normalmente utilizado é o ferroviário, que custa R$ 0,10 a tonelada por quilômetro, com tempo de trânsito de 9 dias. Poderiam, também, ser utilizados os modais aeroviário e rodoviário, com os seguintes custos e

tempos de trânsito, respectivamente, para cada 100 toneladas: R$ 160.000,00 e 1 dia; R$ 58.500,00 e 4 dias. Sabendo que cada remessa do produto corresponde a 100 toneladas, que o custo de armazenagem em trânsito é de R$ 0,40 o quilômetro por dia e que a distância percorrida é de 3.500 quilômetros, responda: Quais seriam os custos envolvidos nos modais e qual seria o mais vantajoso? (Pozo, 2002, p. 179)

Solução:

a. Modal ferroviário:
Custo de transporte: R$ 0,10/t.km · 100 t · 3.500 km = R$ 35.000,00
Custo de armazenagem: R$ 0,40/kg.dia · 100.000 kg · 9 dias = R$ 360.000,00

b. Modal aeroviário:
Custo de transporte: R$ 160.000,00
Custo de armazenagem: R$ 0,40/kg.dia · 100.000 kg · 1 dia = R$ 40.000,00

c. Modal rodoviário:
Custo de transporte: R$ 58.500,00
Custo de armazenagem: R$ 0,40/kg.dia · 100.000 kg · 4 dias = R$ 160.000,00

Comparando os custos, temos:

	Ferroviário	Aeroviário	Rodoviário
Custo de transporte	R$ 35.000,00	R$ 160.000,00	R$ 58.500,00
Custo de armazenagem	R$ 360.000,00	R$ 40.000,00	R$ 160.000,00
Custo total	R$ 395.000,00	R$ 200.000,00	R$ 218.500,00

O modal mais vantajoso, nesse caso, seria o aeroviário.

3) Pensando em que local deveria estabelecer sua nova unidade industrial, a Metalúrgica I. considerou a localização de seus dois principais fornecedores de matéria-prima (MP 1 e MP 2) e também de seus três principais mercados consumidores de

produtos acabados (PA 1, PA 2 e PA 3), o que resultou na tabela a seguir:

Tipo	Movimento (t)	Custo de transporte (R$/t.km)	Horizontal (km)	Vertical (km)
MP 1	200	1,00	50	450
MP 2	200	1,00	450	450
PA 1	100	2,00	50	50
PA 2	100	2,00	150	250
PA 3	100	2,00	350	150

Determine a melhor localização para a nova unidade industrial da Metalúrgica I., utilizando o método do centro de gravidade.

Solução:

UI (x; y)

$$x = \frac{(200 \cdot 1 \cdot 50) + (200 \cdot 1 \cdot 450) + (100 \cdot 2 \cdot 50) + \ldots + (100 \cdot 2 \cdot 150) + (100 \cdot 2 \cdot 350)}{(200 \cdot 1) + (200 \cdot 1) + (100 \cdot 2) + \ldots + (100 \cdot 2) + (100 \cdot 2)} =$$

$$\frac{210.000}{8000} \quad x = 382,5$$

$$y = \frac{(200 \cdot 1 \cdot 450) + (200 \cdot 1 \cdot 450) + (100 \cdot 2 \cdot 50) + \ldots + (100 \cdot 2 \cdot 250) + (100 \cdot 2 \cdot 150)}{(200 \cdot 1) + (200 \cdot 1) + (100 \cdot 2) + \ldots + (100 \cdot 2) + (100 \cdot 2)} =$$

$$\frac{270.000}{800} \quad y = 337,5$$

Portanto, a localização sugerida para a nova unidade industrial será:
UI (262,5 ; 337,5).

4) Quatro localidades (A, B, C e D) estão sendo avaliadas para sediar as novas instalações da Indústria Química M. Os fatores de interesse foram eleitos e a eles foram atribuídos pesos e notas, conforme a tabela a seguir. Utilizando-se o modelo da pontuação ponderada, qual seria a localização recomendada?

Fator de interesse	Peso	Localidades e notas			
		A	B	C	D
Restrições ambientais e legais	30	8.0	7.0	9.0	7.5
Proximidade dos fornecedores	10	6.0	8.5	8.0	9.0
Disponibilidade de pessoal	20	9.0	8.0	9.0	6.0
Disponibilidade de transportes	10	7.5	8.5	8.0	8.0
Proximidade dos mercados consumidores	15	8.0	8.0	9.0	7.0
Qualidade de vida na localidade	15	7.0	8.5	9.0	9.0
Total	100	780.0	787.5	880.0	755.0

Solução: A localidade recomendada é a localidade C, por apresentar maior pontuação geral.

» Estudo de caso

››› Decisões logísticas na IQA

Segunda-feira, 8 horas da manhã, e Edy Arak já estava de olho na tela de seu computador, na qual rolavam os desdobramentos do planejamento estratégico traçado para a Indústria Química Anália, da qual ele é o diretor-presidente. No fim daquela semana, ele deveria apresentar ao conselho administrativo uma indicação, fundamentada em conceitos lógicos e estratégicos, sobre a localização da nova planta industrial a ser construída.

Tratava-se de um item importante do planejamento e que demandava uma decisão criteriosa. A estratégia do centro de gravidade indicara uma região na qual três cidades, A, B e C, apresentavam localização privilegiada em relação às distâncias até os pontos de abastecimento de materiais e de mercados consumidores para seus produtos. Edy Arak recorreria à estratégia do ponto de equilíbrio para decidir qual cidade seria indicada. Os custos totais de operação, para cada cidade, ele consultava na tabela a seguir:

Localização	Custo fixo anual (R$)	Custo variável/unitário (R$)
A	180.000,00	128,00
B	450.000,00	50,00
C	600.000,00	30,00

Outra questão que demandava atenção dizia respeito à estratégia de produção. Uma das metas do planejamento estratégico estipulava um aumento de 15% de participação no mercado nacional e 10% nas exportações. Não estavam previstos, no primeiro biênio, investimentos em máquinas e equipamentos. Isso exigiria esforços de planejamento no sentido de otimizar o aproveitamento dos recursos produtivos disponíveis na IQA.

O gerente de *marketing* e vendas, Jofre Scaliado, fizera um excelente trabalho na abertura de novos mercados, e os volumes de vendas para o próximo período, traduzidos num planejamento agregado, mostravam os seguintes números:

	2012				2013
Trimestre	1º	2º	3º	4º	1º
Galões	120.000	172.500	165.000	157.500	120.000

Olhando para os números à sua frente, Edy Arak pensou sobre a estratégia de planejamento agregado até então utilizada. A cada período de tempo, a capacidade de produção era alterada de forma a coincidir com a demanda agregada prevista. Isso implicava rotatividade muito alta de pessoal e consequentes custos elevados. Além disso, contribuía para piorar o clima entre o pessoal da produção. Decidido a melhorar a situação, Edy convocou o gerente de PPCP e o gerente de produção para uma conversa sobre o assunto. Nilo

Kinho (PPCP) e Herval Vulapresa (produção) eram antigos colaboradores, além de bons amigos. Edy foi direto ao assunto:

— *Senhores, seria interessante mudarmos a estratégia de acompanhamento do planejamento agregado que temos utilizado até agora. Com esses volumes de produção previstos, precisaremos melhorar a eficiência dos nossos recursos produtivos. Preocupa-me também a elevada rotatividade da mão de obra na produção. Talvez, se trabalhássemos com a "fábrica cheia", poderíamos reduzi-la. Isso melhoraria o moral dos funcionários e contribuiria para os nossos objetivos de qualidade.*

— *Isso seria muito bom* – concordou Herval Vulapresa –, *mas e os nossos estoques de produto acabado? Ficariam muito altos!*

Nilo Kinho, que ouvia atentamente, opinou:

— *Acho que podemos dar um jeito nisso se utilizarmos a estratégia de nivelar com estoques.*

— *Bem, essa é a especialidade de vocês* – interrompeu Edy Arak. — *Estudem o assunto e amanhã, às 9 horas, voltaremos a conversar.*

As coisas começavam a se encaminhar. Ainda naquela tarde, Edy se reuniria com o gerente de comércio exterior, Alex Porta, para discutir alguns aspectos do programa de exportações. As cotações do dólar andavam um tanto desfavoráveis, mas ele confiava que poderia minimizar seus efeitos com os crescentes índices de produtividade e de redução de custos que vinha obtendo. Também precisava de mais detalhes sobre desembaraço de documentos, intermodalidade e multimodalidade, que ele não entendera muito bem.

Edy olhou para o relógio, que marcava 10 horas e 45 minutos. Em 15 minutos, Afonso Vina, o gerente financeiro, chegaria para tratar dos investimentos na fábrica nova. Voltou a pensar sobre a localização. Aquela seria mesmo uma semana de muitas decisões!

Questões do caso:
a. Considerando-se os custos fixos e variáveis de cada cidade e utilizando-se a estratégia de ponto de equilíbrio, qual deveria ser a indicação de Edy Arak?
b. Na produção, com a estratégia de nivelar com estoques, qual deverá ser a produção trimestral e o estoque final de cada trimestre em 2013 para que, no último trimestre, o estoque seja zero?
c. O que Alex Porta poderia dizer sobre a diferença entre intermodalidade e multimodalidade?

Solução:
a. Edy Arak debruçou-se sobre os números e calculou:
Intersecção entre A e B: $180.000 + 128\,Q = 450.000 + 50\,Q$
$(128 - 50)\,Q = 450.000 - 180.000 \rightarrow Q = 3.462$ galões
Intersecção entre B e C: $450.000 + 50\,Q = 600.000 + 30\,Q$
$(50 - 30)\,Q = 600.000 - 450.000 \rightarrow Q = 7.500$ galões

b. Observando os números da produção, Nilo Kinho calculou:
Produção fixa para 2012: $P = \dfrac{\text{Trim1} + \text{Trim2} + \text{Trim3} + \text{Trim4}}{4}$

$P = \dfrac{120.000 + 172.500 + 165.000 + 157.500}{4} \rightarrow P = 153.750$ galões/trimestre

Estoques finais: Como a estratégia é de nivelar com estoques e a produção é a mesma ao longo do ano, o eventual excesso de produção de um trimestre será absorvido pela demanda superior à média nos semestres seguintes. Assim:
$EF_T = EF_{T-1} + (PT - DT)$

Em que:
EF_T = estoque final no trimestre;
EF_{T-1} = estoque final no trimestre anterior;

P_T = produção no trimestre (fixa);
D_T = demanda no trimestre.

Para o trimestre 1: EF_{T1} = 0 + (153.750 − 120.000) = 33.750 galões.
Para o trimestre 2: EF_{T2} = 33.750 + (153.750 − 172.500) = 15.000 galões.
Para o trimestre 3: EF_{T3} = 15.000 + (153.750 − 165.000) = 3.750 galões.
Para o trimestre 4: EF_{T4} = 3.750 + (153.750 − 157.500) = zero.

c. Entre outras considerações, Alex Porta poderia dizer que:
   » no transporte intermodal, é emitido um documento para cada modal utilizado e cada operador responde individualmente pela sua operação;
   » no transporte multimodal, todo o percurso da carga é vinculado a um único documento, o conhecimento de transporte multimodal, e a responsabilidade é de um único operador, o operador de transporte multimodal (OTM).

» Questões para revisão

1) Indique se as proposições a seguir são verdadeiras (V) ou falsas (F):
   ( ) Canais de distribuição são os meios utilizados para que os produtos cheguem até o consumidor final.
   ( ) Com a crescente popularização da internet, a escolha adequada de um canal de distribuição tornou-se uma tarefa menos importante.
   ( ) Um canal de distribuição poderá ter diversos níveis intermediários até que o produto chegue ao consumidor final.

( ) A introdução de centros de distribuição (CD) entre fornecedor e cliente, na maioria dos casos, provoca aumento do número de rotas percorridas e congestionamento nas comunicações.

A sequência correta é:
   a. F, V, V, F.
   b. V, F, V, V.
   c. V, F, V, F.
   d. V, V, F, F.

2) Quais são os modais de transporte?

3) O trecho a seguir refere-se a qual das alternativas a seguir? "Operação que utiliza duas ou mais modalidades de transporte diferentes, desde a origem até o destino, e é executada sob a responsabilidade única de um operador de transporte."
   a. Transporte intermodal.
   b. Transporte intercontinental.
   c. Transporte multimodal.
   d. Transporte híbrido.
   e. Transporte globalizado.

4) Qual é a composição clássica da utilização dos modais transportadores no Brasil?

5) Contida na categoria "marítimo" do modal hidroviário, diz respeito a viagens através da costa de um país ou até de países vizinhos. Essa definição refere-se à:
   a. navegação marítima de longo curso.
   b. navegação marítima intercontinental.
   c. navegação marítima predeterminada.
   d. navegação marítima de cabotagem.
   e. navegação marítima de cobertura.

» Síntese

Neste capítulo, mostramos que forma se dá a distribuição física dos materiais produzidos por uma empresa e o quão é importante a gestão dessa distribuição, a fim de não prejudicar nem o cliente, nem a empresa produtora. Examinamos dois modelos de distribuição e os meios utilizados para que o produto chegue até o seu consumidor final, como os centros de distribuição e a internet.

Tratamos, também, sobre o posicionamento geográfico de uma operação e os fatores que a influenciam, seja por uma relação histórica, seja por uma relação de custo-benefício. Uma empresa que se localiza afastada dos centros urbanos ou de seus clientes pode ter custos maiores de transporte. Nesse contexto, vimos que o transporte, atividade principal da distribuição física, representa uma porcentagem de, em média, 37% dos custos relativos à logística de uma organização. Ainda sobre esse assunto, apresentamos os cinco sistemas fundamentais de transporte, os chamados *modais de transporte*, destacando suas vantagens e desvantagens.

Para finalizar, apresentamos algumas contribuições da tecnologia para a distribuição e o transporte. Atualmente, a informática é uma grande aliada da logística, contribuindo para descomplicar o cotidiano dessa área.

Para concluir...

A **crescente velocidade** das transformações nos meios produtivos, proporcionadas em especial pelo formidável avanço tecnológico da informática e dos sistemas de informação, acirrou a competitividade entre as organizações. O conceito de competitividade é muito dinâmico. O que deu certo no passado exige ajustes no presente e poderá ser completamente obsoleto no futuro. A liderança de mercado é uma posição difícil de alcançar, mas sua manutenção é ainda mais custosa. Em outras palavras, não há nada que garanta que uma empresa que é líder de mercado hoje continuará sendo amanhã. Na ponta de consumo da cadeia produtiva está um cliente que exige prazos de entrega cada vez mais reduzidos, enquanto anseia por maior disponibilidade de produtos e serviços.

Nesse cenário, as empresas que obtêm êxito são aquelas que se antecipam às mudanças e desenvolvem estratégias competitivas calcadas na flexibilidade e na rapidez com que disponibilizam seus produtos e serviços na velocidade. É por isso que as operações logísticas assumem grande importância nas decisões que influenciam os resultados finais de uma organização. O objetivo principal é satisfazer às necessidades do cliente com níveis de qualidade crescentes e níveis de custos decrescentes.

A tecnologia da informação oferece ferramentas para a integração das ações logísticas e de seus ajustes ao longo do processo, desde o estabelecimento da política de produção até a definição dos canais de distribuição e a escolha do modal a ser utilizado. Visto que o transporte representa um dos maiores custos de distribuição, é necessário dedicar especial atenção à sua gestão.

As organizações participam de uma cadeia de suprimentos de extensão e complexidade cada vez maiores, principalmente em função de suas aspirações a participar do atual mercado globalizado. O ciclo de compras demanda quantidades cada vez menores e frequência cada vez maior, exigindo formas mais criativas de se atender às necessidades dos clientes.

Outro desafio dos tempos modernos é a chamada *customização*, que implica a oferta de produtos e serviços desenvolvidos exclusivamente para suprir demandas específicas da clientela. Esse quadro demonstra que soluções inovadoras para a logística são decisivas para fortalecer a capacidade de competição das organizações.

Glossário[1]

Campos de atuação específicos acabam desenvolvendo um vocabulário um tanto diferenciado, repleto de termos com significados próprios à respectiva área, frequentemente diversos daqueles registrados nos dicionários. Assim, entendemos que alguns vocábulos e expressões utilizados ao longo desta obra justificam a apresentação das definições e explicações disponibilizadas a seguir.

---

[1] As definições aqui propostas têm como base: Ferreira, 1999; Guia Log, 2009.

Acurácia: exatidão de uma operação ou de uma tabela; propriedade de uma medida de grandeza que foi obtida por instrumentos e processos isentos de erros sistemáticos.

Absenteísmo: termo utilizado para definir as faltas dos empregados ao trabalho, premeditadas ou não, que não apresentam justificativas legais.

Armazenagem: parte da logística responsável pela guarda temporária de produtos em geral (acabados, matérias-primas, insumos, componentes etc.).

Auditoria de certificação: avaliação sistematizada e apoiada em documentação específica, realizada por técnicos do organismo certificador escolhido, o qual deve estar devidamente credenciado pelo Instituto Nacional de Metrologia, Qualidade e Tecnologia (Inmetro), no caso do Brasil, e também pelos seus equivalentes internacionais, quando for o caso. Seu objetivo é a validação (ou não) do sistema de qualidade implementado em uma organização, emitindo-se para tanto um certificado oficialmente reconhecido.

B2C (*Business to Consumer*): sigla utilizada para identificar o comércio eletrônico direto entre a empresa e o consumidor.

Cadeia de suprimentos: conhecida também como *cadeia de abastecimento*, ou pelo seu equivalente em inglês *supply chain*, é a forma pela qual os materiais fluem por meio de diferentes organizações, desde o fornecimento de matérias-primas até a entrega dos produtos acabados aos consumidores finais. Envolve todos os processos logísticos, como o contato com fornecedores, a internacionalização dos materiais, o abastecimento dos processos produtivos, o transporte e a distribuição dos produtos.

***Cross docking*:** operação de rápida movimentação de produtos acabados para expedição, entre fornecedores e clientes. Ao chegar, o produto já é redirecionado (transbordo sem estocagem).

Customização: expressão adaptada do inglês *customize*, que, por sua vez, deriva de *customer*, cujo significado é "cliente", "freguês". Por extensão, a expressão *customizar* é empregada no meio administrativo com o sentido de personalizar, adaptar algo conforme a preferência e/ou a necessidade do cliente.

ECO: designação do recurso utilizado em sistemas MRP II para aceitar a inclusão de modificações programadas, efetivando-as nas datas previstas pela engenharia.

ECR: movimento voluntário, baseado na mudança e na melhoria contínua, o qual afeta toda a cadeia de produção e distribuição de produtos de grande consumo.

Empresa de transformação: aquela que, por meio de processos específicos, transforma matéria-prima em produtos definidos, que podem servir diretamente ao consumidor final ou ser utilizados como material de alimentação para outras indústrias.

Escanear: expressão derivada do verbo inglês *to scan*, que significa "examinar", "correr os olhos". É utilizada neste livro com o sentido de digitalizar um documento por meio de aparelho de leitura óptica.

Estoque-pulmão: quantidade de matéria-prima, componente ou produto acabado que é armazenada a fim de permitir manobras estratégicas à empresa, possibilitando que esta atenda à demanda enquanto ajusta sua capacidade produtiva.

Ferramentaria: termo aqui empregado no sentido de fábrica, estabelecimento ou setor de uma empresa que é especializado na construção de moldes.

Inventário: registro periódico realizado pelas empresas com a finalidade de identificar, quantificar e valorizar estoques. Também conhecido como *balanço*.

Just In Time (JIT): sistema de administração da produção que determina que nada deve ser produzido, transportado ou comprado antes da hora exata em que será necessário. Pode ser aplicado em qualquer organização para reduzir estoques e custos decorrentes destes.

Kaizen: palavra de origem japonesa que significa melhoria contínua e gradual da vida dos indivíduos, nos âmbitos pessoal e profissional.

Kanban: palavra japonesa que significa "cartão" ou "etiqueta". É utilizada para designar o método de controle da produção no qual o ritmo é determinado pela necessidade do posto de trabalho seguinte, que "puxa" de seu antecessor apenas a quantidade de peças de que realmente precisará.

Layout: palavra de origem inglesa, incorporada ao nosso idioma como *leiaute*, que significa "esboço", "projeto", "planejamento", "esquema" ou "arranjo físico de elementos num determinado espaço".

Mercosul: acrônimo de *Mercado Comum do Sul*, ou, em castelhano, *Mercado Común Del Sur* (Mercosur), é a união aduaneira (livre comércio intrazona e política comercial comum) criada em 1991 por Brasil, Argentina, Paraguai e Uruguai, com base no modelo do Mercado Comum Europeu. Em 2004, Chile, Bolívia, Equador e Peru se associaram ao Mercosul. A Venezuela buscou sua adesão em 2005, mas teve de cumprir algumas exigências, como adotar a tarifa externa comum (TEC).

Nafta: sigla que identifica o Acordo de Livre Comércio da América do Norte (*North American Free Trade Agreement*), um tratado envolvendo Canadá, México e Estados Unidos da América numa atmosfera de livre comércio, com custo reduzido de tarifas entre os três países. Assinado em 1988 por Estados Unidos e Canadá, recebeu a adesão do México em 1992. A versão atual do Nafta entrou em vigor em 1º de janeiro de 1994.

Paleteira: veículo industrial manual ou elétrico provido de garras apropriadas, utilizado no transporte de paletes.

Sazonalidade: qualidade daquilo que é sazonal, ou seja, daquilo que ocorre apenas em uma determinada estação (sazão) do ano.

Sprinkler: chuveiro automático, utilizado como equipamento auxiliar no combate a incêndios. Normalmente instalado no teto, entra em funcionamento quando a temperatura local ultrapassa determinado nível.

SKU: acrônimo de *Stock Keeping Unit*, que se pronuncia "skew" ou "SKU". Em português, é conhecida como UMA – unidade mantida em armazém – e designa o identificador utilizado pelos armazenadores para permitir o seguimento sistemático dos produtos oferecidos aos clientes. Cada SKU identifica uma variante de artigo, conforme sua apresentação, tamanho, cor, entre outras características.

Stacker crane: equipamento que consiste numa torre apoiada sobre um trilho inferior e guiada por um trilho superior. Pode ser instalada em corredores com menos de 1 m de largura, sendo que algumas torres atingem até 30 m de altura. Exige alto investimento, mas proporciona grande economia de espaço.

Referências

ARBACHE, F. S. et al. *Gestão de logística, distribuição e trade marketing*. Rio de Janeiro: Ed. da FGV, 2004. (Marketing).

ARNOLD, J. R. T. *Administração de materiais*: uma introdução. São Paulo: Atlas, 1999.

BALLOU, R. H. *Business Logistics Management*. Engelwood Cliffs: Prentice Hall, 2004.

_____. *Logística empresarial*: transportes, administração de materiais, distribuição física. São Paulo: Atlas, 1995.

BANZATO, E. *Integrando layout com movimentação de materiais*. Disponível em: <http://www.guialog.com.br/ARTIGO217.htm>. Acesso em: 1º set. 2008.

BRASIL. Lei n. 9.611, de 19 de fevereiro de 1998. *Diário Oficial da União*, Poder Legislativo, Brasília, 20 fev. 1998. Disponível em: <htttp://www.planalto.gov.br/ccivil-03/Leis/L9611.htm>. Acesso em: 2 abr. 2013.

_____. Ministério do Desenvolvimento, Indústria e Comércio Exterior. Secretaria de Comércio Exterior. *Logística*. Disponível em: <http://www.desenvolvimento.gov.br/arquivo/secex/logistica/logistica.pdf>. Acesso em: 12 mar. 2009.

BRASIL. Ministério do Meio Ambiente. Agência Nacional das Águas. *Plano Nacional de Recursos Hídricos*: navegação interior. 2005. Disponível em: <http://www.ana.gov.br/pnrh_novo/Apresentacoes/APNavegacao.pdf>. Acesso em: 12 mar. 2009.

CHING, H. Y. *Gestão de estoques na cadeia de logística integrada*: supply chain. 3. ed. São Paulo, Atlas, 2006.

CNT – Confederação Nacional dos Transportes. *Boletim Estatístico Agosto 2012*. 2012. Disponível em: <http://www.cnt.org.br/Imagens%20CNT/PDFs%20CNT/Boletim%20Estat%C3%ADstico/Boletim%20Estatistico%20CNT%20-%20ago_2012.pdf>. Acesso em: 25 jan. 2012.

_____. *Pesquisa aquaviária 2006*. 2006a. Disponível em: <http://www.cnt.org.br/informacoes/pesquisas/aquaviaria/2006>. Acesso em: 12 mar. 2009.

_____. *Pesquisa rodoviária 2006*. 2006b. Disponível em: <http://www.cnt.org.br/informacoes/pesquisas/rodoviaria/2005>. Acesso em: 12 mar. 2009.

COELHO, L. C. *Controle de estoques*: logística e previsão de demanda. 2009. Disponível em: <http://www.

logisticadescomplicada.com/controle-de-estoques-logistica-e-previsao-de-demanda>. Acesso em: 12 jul. 2012.

COOPER, M.; BOWERSOX, D.; CLOSS, D. J. *Gestão da cadeia de suprimentos e logística*. Rio de Janeiro: Campus-Elsevier, 2007.

CORRÊA, H. L.; GIANESI, I. G. N.; CAON, M. *Planejamento, programação e controle da produção – MRP II/ ERP*: conceitos, uso e implantação. 5. ed. São Paulo: Atlas, 2007.

DELL MAR, D. *Operations and Industrial Management*. New York: McGraw Hill, 1985.

DEMING, W.; E. *Qualidade*: a revolução da administração. Rio de Janeiro: M. Saraiva, 1990.

DIAS. M. A. P. *Administração de materiais*: edição compacta. 4. ed. São Paulo: Atlas, 1997.

_____. *Administração de materiais*: princípios, conceitos e gestão. 5. ed. São Paulo: Atlas, 2005.

DRUCKER, P. F. *Administrando para o futuro*. São Paulo: Pioneira, 1992.

FERREIRA, A. B. de H. *Novo dicionário da língua portuguesa*. 2. ed. Rio de Janeiro: Nova Fronteira, 1999.

FOGARTY, D. W.; HOFFMANN, T. R. *Production and Inventory Management*. Cincinnati: South-Western, 1983.

FNQ – Fundação para o Prêmio Nacional da Qualidade. *Critérios de excelência 2003*: o estado da arte da gestão para a excelência do desempenho e para o aumento da competitividade. São Paulo, 2004.

GAITHER, N.; FRAZIER, G. *Administração da produção e operações*. 8. ed. São Paulo: Pioneira, 2002.

GIANPAOLO, G.; LAPORTE, G.; MUSMANNO, R. *Introduction to Logistics Systems, Planning and Control*. West Sussex: John Wiley & Sons, 2004.

GLOBAL 21. *Guia do exportador*: modalidades de transporte. Brasil, 2008. Disponível em: <http://www.global21.com.br/guiadoexportador/modalidadesdetransporte.asp>. Acesso em: 14 out. 2008.

GODINHO, W. B. *Gestão de materiais e logística*. 2. ed. Curitiba: Ibpex, 2004.

GOMES, C. F. S.; RIBEIRO, P. C. C. *Gestão da cadeia de suprimentos integrada à tecnologia da informação*. São Paulo: Thomson, 2004.

GS1 BRASIL. Fundamentos de gestão de estoques. 2006. Disponível em: <http://www.gs1brasil.org.br/lumis/portal/file/fileDownload.jsp?fileI d=480F89A81AB4BE14011AB6E 8B1EF7074>. Acesso em: 12 mar. 2009.

GUIA LOG. *Dicionário log*. Disponível em: <http://www.guialog.com.br>. Acesso em: 16 mar. 2009.

HARRISON, A.; VAN HOEK, R. *Estratégia e gerenciamento de logística*. São Paulo: Futura, 2003.

HAY, E. J. *Just In Time*: um exame dos novos conceitos de produção. São Paulo: Maltese-Editorial Norma, 1992.

KAPOOR, S.; KANSAL, P. *Basics of Distribution Management*: a Logistical Approach. New Delhi: Prentice Hall, 2004.

KOTLER, P. *Marketing para o século XXI*. São Paulo: Futura, 1998.

KOTLER, P.; ARMSTRONG, G. *Principle of Marketing*. 5. ed. New York: Prentice Hall, 1991.

MARTINS, P. G.; LAUGENI, F. P. *Administração da produção*. São Paulo: Saraiva, 1998.

MERLI, G. *Comakership*: a nova estratégia para os suprimentos. Rio de Janeiro: Qualitymark, 1994.

MOURA, R. A. *Equipamentos de movimentação e armazenagem*. São Paulo: Imam, 1988.

_____. *Sistemas e técnicas de movimentação e armazenagem de materiais*. São Paulo: Imam, 1979.

MOURA, R. A.; REZENDE A. C.; GASNIER, D. N. *Atualidades na logística*. São Paulo: IMAM, 2003.

NOVAES, A. G. *Logística e gerenciamento da cadeia de distribuição*. Rio de Janeiro: Campus-Elsevier, 2007.

PLANEJAR estoque para reduzir as perdas. *O Estado de S. Paulo*, 6 jan. 2008 Disponível em: <http://www.estado.com.br/suplementos/opor/2008/01/06/opor-1.93.25.20080106.12.1.xml>. Acesso em: 13 jul. 2012.

PORTOPÉDIA. *Explosão do produto*. Disponível em: <http://www.portogente.com.br/portopedia/Explosao_do_produto>. Acesso em: 2 abr. 2013;

POZO, H. *Administração de recursos materiais e patrimoniais*: uma abordagem logística. 2. ed. São Paulo: Atlas, 2002.

ROBBINS, S. *Administração*: mudanças e perspectivas. São Paulo: Saraiva, 2000.

SLACK, N.; CHAMBERS, S.; JOHNSTON, R. *Administração da produção*. 2. ed. São Paulo: Atlas, 2002.

TÉBOUL, J. *A era dos serviços*: uma nova abordagem ao gerenciamento. Rio de Janeiro: Qualitymark, 1999.

UHIA, A. S. *Distribución en latinoamérica*. Disponível em: <http://www.guialog.com.br/ARTIGO225.htm>. Acesso em: 1º set. 2008.

Bibliografia comentada

DIAS. M. A. P. *Administração de materiais*: edição compacta. 4. ed. São Paulo: Atlas, 1997.

Esse livro reúne um conjunto básico de noções sobre a administração de materiais. O texto inicia com a abordagem introdutória das conexões existentes entre a administração de materiais e outras áreas dentro das empresas modernas. Em seguida, é focalizado o dimensionamento e controle dos estoques, fornecendo os conceitos básicos mais importantes, sem que se recorra a métodos quantitativos sofisticados.

GAITHER, N.; FRAZIER, G. *Administração da produção e operações*. 8. ed. São Paulo: Pioneira, 2002.

Esse livro apresenta uma abrangente introdução aos conceitos e às técnicas da administração da produção. Merecem destaque os boxes "Instantâneos da indústria", nos quais são focalizados relatos especiais de aplicações práticas nas indústrias em geral.

MARTINS, P. G.; LAUGENI, F. P. *Administração da produção*. São Paulo: Saraiva, 1998.

O leitor encontrará nessa obra uma abordagem prática sobre os sistemas MRP, MRP II e ERP, com exemplos abrangentes e numa linguagem que facilita a compreensão dos conceitos. Na segunda edição, de 2005, o leitor encontrará um capítulo sobre PPCP e outro sobre a logística da cadeia de suprimentos.

MOURA, R. A. *Sistemas e técnicas de movimentação e armazenagem de materiais*. São Paulo: Imam, 1979.

Trata-se de um material para leitura e consulta indispensável a todos os que queiram aprofundar-se sobre armazenagem e movimentação de materiais.

Rica em detalhes, a obra explora aspectos teóricos e práticos e traz informações que permanecem atuais.

NOVAES, A. G. *Logística e gerenciamento da cadeia de distribuição.* Rio de Janeiro: Campus-Elsevier, 2007.

A obra apresenta uma concepção ampliada da nova realidade da logística mundial e inclui um capítulo específico sobre análise e previsão da demanda, além de propor uma nova classificação de prestadores de serviços logísticos.

POZO, H. *Administração de recursos materiais e patrimoniais:* uma abordagem logística. 2. ed. São Paulo: Atlas, 2002.

Esse livro oferece uma sequência lógica do desdobramento da logística no dia a dia das empresas, fundamentada em novo paradigma de mercado globalizado, relacionado com a nova dinâmica da cadeia de suprimentos. Permite ao leitor assimilar com facilidade todo o processo que envolve a aquisição de materiais, o sistema de armazenagem e controle, o planejamento da produção, o controle de pedidos e sua distribuição para o pleno atendimento ao cliente.

SLACK, N.; CHAMBERS, S.; JOHNSTON, R. *Administração da produção.* 2. ed. São Paulo: Atlas, 2002.

Os autores oferecem nesse livro um caminho lógico a seguir nas atividades de administração da produção, facilitando o entendimento do contexto estratégico em que trabalham os gerentes de produção. O leitor encontrará uma abordagem conjunta das atividades de planejamento e controle, reforçando a interação que, na prática, existe entre essas funções. O Capítulo 12 destaca o planejamento e o controle dos estoques, abordando decisões de reabastecimento. Já o Capítulo 13 oferece uma ampla análise da gestão da cadeia de suprimentos.

Respostas

Capítulo 1

Questões para revisão

1) Os princípios para um bom *layout* são: máxima eficiência na utilização do espaço disponível; movimentação eficiente dos materiais; satisfação dos níveis de exigência com os mínimos custos possíveis; flexibilidade e adaptabilidade; facilidade de acesso.

2) *Momento de transporte* é um indicador que combina a intensidade do fluxo de materiais com a distância percorrida pelo equipamento de movimentação.

3) b

4) a

5) c

Capítulo 2

Questões para revisão

1) a

2) d

3) A questão é respondida calculando-se o ponto de pedido (ou ponto de reposição), que representa a quantidade em estoque que suportará a demanda até que o reabastecimento seja concluído.

4) d

5) É importante porque demonstra o retorno do investimento em estoques em relação ao custo da mercadoria vendida. Quanto maior o giro, melhor o desempenho.

Capítulo 3

Questões para revisão

1) c

2) Os modais de transporte são: ferroviário, rodoviário, aeroviário, hidroviário e dutoviário, além do multimodal.

3) c

4) O Brasil privilegia o transporte rodoviário, utilizado em mais de 60% dos casos. O restante se divide entre os outros quatro modais, com o ferroviário à frente desse bloco.

5) d

Sobre o autor

Clovis Pires Russo, natural de São Caetano do Sul – SP, é mestre em Administração pela Universidade Metodista de São Paulo (Umesp), graduado em Engenharia Mecânica pela Universidade Braz Cubas (UBC – SP) e em Eletrônica Industrial pela Escola Técnica da Universidade Mackenzie. É também licenciado em Matemática pelo Programa Especial de Formação Pedagógica (PEFP) da Umesp. Iniciou sua carreira profissional na área industrial da Volkswagen do Brasil. Adquiriu grande experiência, pois atuou em postos diversos do chão de fábrica ao comando da engenharia industrial. Trabalhou em empresas como ZF do Brasil e Pirelli Cabos, exercendo funções de assimilação e transferência de tecnologia industrial em filiais da Europa e da América Latina. É professor universitário das Faculdades Integradas de Ribeirão Pires (Firp) e da Escola Superior de Administração, Marketing e Comunicação (Esamc – SP), lecionando, respectivamente, as disciplinas de Administração da Produção e Gestão de Operações Logísticas. Além disso, atua como consultor de empresas na área de Desenvolvimento de Processos e Gestão da Qualidade.

Os papéis utilizados neste livro, certificados por instituições ambientais competentes, são recicláveis, provenientes de fontes renováveis e, portanto, um meio responsável e natural de informação e conhecimento.

FSC
www.fsc.org
MISTO
Papel | Apoiando o manejo florestal responsável
FSC® C103535

Impressão: Reproset
Junho/2023